AI辅助公文写作实战：
从入门到精通

梅俊 著

机 械 工 业 出 版 社

本书从 AI 辅助公文写作的方法入手，提出公文写作过程中人与 AI 协作的 7 个步骤，明确了人工智能时代公文写作的新路径；提供了一个快速让 AI 听懂指令的万能提示词框架，让人与 AI 顺畅沟通。全书按照初阶文种一键成文、中阶文种快速构思、高阶文种深度研究三个层次，围绕通知、通报、消息、信息、纪要、计划方案、总结汇报、领导讲话等 14 种（类）公文材料，包含 30 个常见公文写作场景，详细拆解 AI 辅助写作的方法与步骤。书中所有实操演示讲解，对照即可练习，上手就能实战，助你快速掌握 AI 辅助写作的底层逻辑。本书适合政府部门、企事业单位工作者阅读，其他类型的职场人士同样可以参考本书中讲的方法，完成各类职场文书的写作，从容应对职场写作的挑战。

图书在版编目（CIP）数据

AI辅助公文写作实战：从入门到精通 / 梅俊著.
北京 ：机械工业出版社，2025. 2. -- ISBN 978-7-111
-77832-5

Ⅰ. H152.3-39

中国国家版本馆CIP数据核字第20252YJ601号

机械工业出版社（北京市百万庄大街22号　邮政编码100037）
策划编辑：梁一鹏　　　　　　责任编辑：梁一鹏　单元花
责任校对：张爱妮　王　延　　责任印制：常天培
北京机工印刷厂有限公司印刷
2025年4月第1版第1次印刷
169mm×239mm · 16.5印张 · 1插页 · 265千字
标准书号：ISBN 978-7-111-77832-5
定价：88.00 元

电话服务　　　　　　　　　网络服务
客服电话：010-88361066　　机 工 官 网：www.cmpbook.com
　　　　　010-88379833　　机 工 官 博：weibo.com/cmp1952
　　　　　010-68326294　　金 书 网：www.golden-book.com
封底无防伪标均为盗版　机工教育服务网：www.cmpedu.com

序　言

AI 是人工智能（Artificial Intelligence）的缩写。打开这本书的读者肯定知道 AI 是个很厉害的工具，但关键问题是，怎么才能用好这个工具来提高公文写作效率？

无论是简单的通知、通报，还是复杂的总结、汇报、讲话稿，职场人平时或多或少都会面临一些公文写作任务。很多人常被这些问题困扰：重复性写作太多，费时费力；写作没逻辑、没想法、没灵感；遣词造句很困难，经常被第一句话卡住，导致拖稿等。

公文写作对一些职场人士来说更是一项核心的工作内容。我从事公文写作及相关培训工作近 20 年，知道公文写作不容易。公文写作任务繁重，"五加二、白加黑"是不少人的常态。

此次由 ChatGPT 引发的人工智能产品大爆发，最让人感到震惊的就是 AI 超强的文本理解和生成能力。通过一年多对 AI 工具的深度使用，我深深感到 AI 必将带来公文写作领域的巨大变革。如今，AI 工具已经可以在很大程度上降低写作者的工作压力了。

输入一个指令，AI 就能输出一篇符合你要求的公文还很难做到，因为它没法通过有限的信息准确猜出你的想法。

因此，请注意本书书名中有个关键词——辅助。

在用 AI 进行公文写作的过程中，AI 是辅助角色，而人才是真正的主角。人始终是整个写作过程的主导者。在用 AI 辅助写作之前，人的头脑中应该有"好公文的样子"，知道自己想要的是什么，才能与 AI 一起完成。

在完成过程中，通过良好的人机沟通技巧引导 AI 按照人的指挥发散观点、辅助构思、生成内容文本，我称这种能力为"AI 引导力"。同时，人对 AI 生成的观点、文本内容质量要能判断好坏、对错，选择需要的好内容，这种能力可以称为"AI 判断力"。

我们要想拥有这两种能力，就要在工作领域和公文写作领域具备足够的知识与技能。所以，有了 AI 之后，并不意味着人们不需要学习了，反而是对学习能力要求更高了。这就是人们常说的，AI 遇弱则弱，遇强则强。你要努力成为那个能够驾驭 AI 的强者。

本书总结了用 AI 辅助进行公文写作的 7 个流程步骤，从搜集资料、拆解问题，到生成框架、撰写初稿等，清楚地告诉读者每个环节到底该跟 AI 怎么协作，才能最大限度地提高写作效率。作为一本实战操作手册，本书没有讲太多关于 AI 或者公文写作的理论，而是直接带读者上手练。

本书按照难易程度，围绕初阶、中阶和高阶三个层次的 14 种（类）公文材料，结合 30 个具体的任务场景进行实操演示。这 14 种（类）公文材料分别是初阶的通知、通报、消息、信息、纪要，中阶的计划方案、总结汇报、体会发言、述职报告、公开信，高阶的调研报告、规章制度、理论文章、领导讲话。其难度从低到高，能覆盖工作中绝大部分写作场景。各文种部分内容都是相对独立的，读者既可以从初阶到高阶系统阅读、练习，又可以选择当前要用到的文种进行阅读、练习，直接解决工作中的问题。

书中有大量文种案例演示，手把手教读者选择合适的 AI 工具、设置提示词、优化 AI 输出的文本效果。无论读者是否用过 AI 工具，公文写作基础如何，都能一看就懂，对照就能操作，上手就能出效果。读者最好能够一边看书、一边在电脑上跟着操作。

书中案例使用的 AI 工具均为国内大模型，主要分为两类：一类是分析处理信息资料的 AI 工具，如 Kimi 智能助手、秘塔 AI 搜索等；另一类是处理综合性问题、生成文本的 AI 工具，这类工具很多，在本书中，如果没有特殊说明，则都是用的通义千问。

说明一下，因为 AI 工具的功能界面都会迭代，因此，在使用 AI 工具的时候，部分界面可能和书中有所区别，但基本使用方法不会有太大变化。如果你用其他 AI 工具，如文心一言、智谱清言、讯飞星火等，也都没问题，底层写作方法是相通的，但效果会有所不同。这些 AI 工具既有网页版，也有 App 版。在进行公文写作时，我推荐大家使用电脑网页版，操作更方便。

欢迎你和我一起开启 AI 提效新旅程，登上公文写作新大陆。

目　录

序　言

第一章　掌握 AI 辅助写作法，快速成文效率高 ························· 1

第一节　7 个步骤，用 AI 给公文写作提效 ·························· 2

第 1 步：拆解工作问题 ···································· 3

第 2 步：分析、处理信息 ································· 5

第 3 步：判断信息质量 ···································· 8

第 4 步：明确写作要求 ···································· 10

第 5 步：生成文本内容 ···································· 11

第 6 步：判断内容质量 ···································· 12

第 7 步：精调文本内容 ···································· 14

第二节　1 个框架，让 AI 听懂指令快速写公文 ················ 15

一、三个要素巧妙设定角色 ····························· 15

二、清晰描述三种写作背景 ····························· 16

三、准确界定两类工作任务 ····························· 17

四、两类要求提升输出质量 ····························· 20

五、三种方法调试优化结果 ····························· 29

第二章　一键成文：用 AI 辅助精准、高效传递信息━━━━━━━**31**

　　第一节　如何用 AI 辅助写通知━━━━━━━━━━━━━━**32**

　　　　一、事务性通知：讲清要点好执行━━━━━━━━━━━━**32**

　　　　二、指示性通知：把握关键有章法━━━━━━━━━━━━**36**

　　第二节　如何用 AI 辅助写通报━━━━━━━━━━━━━━**49**

　　　　一、奖惩通报：案例典型、立场鲜明━━━━━━━━━━**49**

　　　　二、情况通报：客观表达、有理有据━━━━━━━━━━**55**

　　第三节　如何用 AI 辅助写消息━━━━━━━━━━━━━━**60**

　　　　一、内部平台发布的消息：简单直白讲要点━━━━━━**60**

　　　　二、外宣平台发布的消息：选准切口吸引人━━━━━━**65**

　　第四节　如何用 AI 辅助写信息━━━━━━━━━━━━━━**74**

　　　　一、动态信息：单点突破显亮点━━━━━━━━━━━━**75**

　　　　二、经验信息：多点支撑出做法━━━━━━━━━━━━**80**

　　第五节　如何用 AI 辅助写会议纪要━━━━━━━━━━━━**86**

　　　　一、办公类会议纪要：明确决策要求━━━━━━━━━━**86**

　　　　二、研讨协商类会议纪要：准确传递共识━━━━━━━**92**

第三章　快速构思：用 AI 辅助分析问题、创新思路━━━━**99**

　　第一节　如何用 AI 辅助写计划方案━━━━━━━━━━━**100**

　　　　一、工作计划：前瞻思考有创新━━━━━━━━━━━**100**

　　　　二、工作方案：组织严密能落地━━━━━━━━━━━**111**

　　第二节　如何用 AI 辅助写总结汇报━━━━━━━━━━━**118**

　　　　一、工作总结：提炼精准出经验━━━━━━━━━━━**118**

　　　　二、工作汇报：有的放矢效果好━━━━━━━━━━━**129**

　　第三节　如何用 AI 辅助写体会发言━━━━━━━━━━━**136**

　　　　一、心得体会：联系实际有干货━━━━━━━━━━━**137**

　　　　二、座谈发言：选点独到有思考━━━━━━━━━━━**148**

第四节　如何用 AI 辅助写述职报告 ⋯⋯⋯⋯⋯⋯⋯⋯⋯⋯⋯ 154

一、员工述职报告：连接上级、展现价值 ⋯⋯⋯⋯⋯⋯⋯ 154

二、领导述职报告：遵循要求、内容规范 ⋯⋯⋯⋯⋯⋯⋯ 161

第五节　如何用 AI 辅助写公开信 ⋯⋯⋯⋯⋯⋯⋯⋯⋯⋯⋯⋯⋯ 167

一、感谢慰问：情感真挚打动人心 ⋯⋯⋯⋯⋯⋯⋯⋯⋯⋯ 168

二、号召倡议：热情洋溢鼓舞士气 ⋯⋯⋯⋯⋯⋯⋯⋯⋯⋯ 181

第四章　深度研究：用 AI 辅助搞定复杂写作场景 ⋯⋯⋯⋯⋯⋯⋯⋯⋯ 187

第一节　如何用 AI 辅助写调研报告 ⋯⋯⋯⋯⋯⋯⋯⋯⋯⋯⋯ 188

一、用 AI 辅助进行调研准备：贴近实际、针对性强 ⋯⋯⋯ 189

二、用 AI 辅助分析调研材料：全面研究、系统性强 ⋯⋯⋯ 194

三、用 AI 辅助撰写调研报告：有的放矢、指导性强 ⋯⋯⋯ 199

第二节　如何用 AI 辅助写规章制度 ⋯⋯⋯⋯⋯⋯⋯⋯⋯⋯⋯ 205

一、用 AI 辅助快速找依据、抓重点 ⋯⋯⋯⋯⋯⋯⋯⋯⋯ 206

二、用 AI 辅助精准定框架、明要点 ⋯⋯⋯⋯⋯⋯⋯⋯⋯ 209

三、用 AI 辅助系统写内容、查合规 ⋯⋯⋯⋯⋯⋯⋯⋯⋯ 211

第三节　如何用 AI 辅助写理论文章 ⋯⋯⋯⋯⋯⋯⋯⋯⋯⋯⋯ 214

一、用 AI 辅助挖掘选题：激活写作思考 ⋯⋯⋯⋯⋯⋯⋯ 215

二、用 AI 辅助架构观点：观点言之成理 ⋯⋯⋯⋯⋯⋯⋯ 220

三、用 AI 辅助论证成文：内容言之有物 ⋯⋯⋯⋯⋯⋯⋯ 221

第四节　如何用 AI 辅助写领导讲话 ⋯⋯⋯⋯⋯⋯⋯⋯⋯⋯⋯ 228

一、用 AI 辅助工作研究：博采众长有见地 ⋯⋯⋯⋯⋯⋯ 229

二、用 AI 辅助思路分析：开拓创新有高度 ⋯⋯⋯⋯⋯⋯ 236

三、用 AI 辅助生成文稿：分步输出保质量 ⋯⋯⋯⋯⋯⋯ 239

参考文献 ⋯⋯⋯⋯⋯⋯⋯⋯⋯⋯⋯⋯⋯⋯⋯⋯⋯⋯⋯⋯⋯⋯⋯⋯⋯⋯ 253

后记：未来已来，此为序章 ⋯⋯⋯⋯⋯⋯⋯⋯⋯⋯⋯⋯⋯⋯⋯⋯⋯⋯ 254

第一章

掌握 AI 辅助写作法，快速成文效率高

第一节　7个步骤，用 AI 给公文写作提效

新工具往往是通过改变乃至颠覆生产流程带来生产力的跃升的。

要想发挥出 AI 的最大效益，需要人和 AI 的密切协作，重新架构写作流程。这一节重点梳理了用 AI 辅助进行公文写作的基本流程，即 AI 辅助公文写作七步法，教你如何在日常的公文写作中运用 AI，提高效率，如图 1-1 所示。

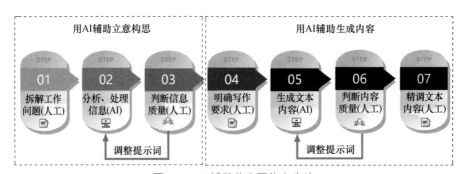

图 1-1　AI 辅助公文写作七步法

这七步分别是：拆解工作问题→分析、处理信息→判断信息质量→明确写作要求→生成文本内容→判断内容质量→精调文本内容。

前三步是用 AI 辅助立意构思，后四步是用 AI 辅助生成内容。

你现在记不住没关系，后面我们在实操演示具体文种写作的时候，都会按照这个流程进行，多操作几次就熟悉了。

在公文写作流程中，搜集信息资料、分析与研究问题、撰写稿件内容都需要耗费我们大量的时间和精力，现在有了 AI，这些工作都可以交给 AI 先进行处理。

人在这个流程中发挥主导作用，负责引导和判断的。引导就是让 AI 按照人希望的方向去思考和生成内容；判断就是要对 AI 输出的内容有判断力，知道 AI 输出的内容对不对、好不好、能不能用、怎么修改。对 AI 具有引导

力和判断力需要有一定的知识积累，包括公文方面的阅读和写作专项练习。

本书没办法让你具备引导力和判断力，这需要另外的专门训练。但是，怎么引导 AI，让 AI 按照你的想法辅助你进行构思、高效生成内容，是我希望能够做到的。

下面，结合具体任务场景，为你详细拆解 AI 辅助公文写作的 7 个步骤。说明一下，AI 工具会迭代更新，部分工具使用界面在实际使用中和本书中的截图可能会略有不同，但基本功能不会变。

第 1 步：拆解工作问题

AI 虽然智能，但不会读心术，它需要人先把自己的工作问题描述清楚，才能帮助人来构思。这一步以人工为主，AI 为辅。

我们虚拟一个具体的任务来举例：

你是市政府乡村振兴局的工作人员，下周要召开全市有力有效推进乡村全面振兴工作任务部署会，你要给领导写讲话稿并部署相关工作任务。

请你想一想，这时你第一步要做什么？

千万不能打开文档就开始列提纲。在收到任务后，你首先要做的是对这篇讲话稿涉及的工作内容进行研究。

例如，要写好这个任务部署会的领导讲话稿，至少需要搞清楚三个工作问题：

一是当前推进乡村全面振兴的背景和政策要求。

二是本市推进乡村全面振兴的重难点问题和解决方案。

三是本市各级推进乡村全面振兴的工作任务与责任落实。

此外，对于讲话稿，你还需要研究领导的特点。例如，他推进乡村全面振兴工作的思路和理念；他关注的重点是什么，包括核心问题和关键领域。你还要掌握领导的讲话风格，包括语言习惯、表达方式和偏好等。

可能你会问，这些问题是怎么拆解出来的呢？

作为乡村振兴局的工作人员，你需要凭借工作经验进行拆解。如果工作经验不足，你也可以找 AI 帮忙。我们打开通义千问这个 AI 工具，其操作界面示意图如图 1-2 所示。我们可以在对话框中输入提示词，也可以在左侧点击上传文档，让 AI 进行文件分析。

图 1-2　通义千问操作界面示意图

提示词：

> 你是市政府办公室主任，擅长公文写作，请问如果要撰写一篇推进乡村全面振兴工作任务部署会的领导讲话稿，需要研究哪些方面的问题？

AI 输出：

> 撰写一篇推进乡村全面振兴工作任务部署会的领导讲话稿，需要深入研究和综合考虑以下几个方面的问题，以确保讲话内容既全面又具有针对性：
>
> 1. 国家政策与战略导向：深入学习并理解中央关于乡村振兴的最新政策文件精神，如《中共中央　国务院关于实施乡村振兴战略的意见》等，把握乡村振兴的总体要求、基本原则、主要目标和重点任务。
>
> 2. 本地实情分析：深入分析本地区乡村发展的现状，包括优势资源、特色产业、基础设施建设、生态环境、农民收入水平及

教育与医疗条件等，同时识别存在的短板和问题，如空心化、老龄化、产业单一等。

（略）

请注意，由于生成式人工智能的内容不是搜索得到的，因此你输入同样的提示词，和本书举例的内容可能有所不同，这是正常的。这也是AI的价值所在，能够带给我们更多的思考方向。这里，AI列举的国家政策与战略导向、本地实情分析等方面的问题，已经非常专业了，可以作为接下来我们开展问题分析的参考依据。

这里需要特别注意的是，对于AI生成的文件名称等内容，你需要特别核实其出处，有没有更新的文件，这些具体的政策把握需要你有判断力。

拆解完问题就可以进入第2步了，把问题抛给AI，让AI替我们对这些问题进行分析、处理。

第2步：分析、处理信息

以前如果要分析刚才拆解出来的问题，肯定要借助搜索引擎，广泛搜索信息，并且在单位内搜集相关文件资料，然后花时间阅读才行。面对比较复杂的材料，这个工作量是很大的，并且就算读完了，要整理并得出有价值的结论，还需要你具备比较强的抽象分析能力。

以我的经验，像前面列举的这个讲话稿任务，从搜集信息到整理出结论，至少需要两天的时间。

现在有了AI，效率会马上提升。这一步以AI为主，人工为辅。

当你输入工作问题之后，AI可以快速阅读分析网页、文档，并进行总结提炼、输出观点和结论，整个过程可能只要一分钟。

在分析、处理信息这一步，Kimi智能助手、秘塔AI搜索是我想推荐的两个AI工具。

Kimi智能助手适合用来对已有的信息进行分析，你可以把指定的文件传给它进行分析，点击回形针按钮，它能"支持上传文件（最多50个，每个100MB），接受PDF、DOC、XLSX、PPT、TXT、图片等"。Kimi智能助手操作界面如图1-3所示。

图1-3　Kimi智能助手操作界面

　　秘塔AI搜索适用于对互联网信息的搜集整理，它的搜索源分为全网、文库、学术和播客四种，能按照简洁、深入、研究三种模式进行分析。秘塔AI搜索操作界面如图1-4所示。

图1-4　秘塔AI搜索操作界面

　　我们把需要研究、分析的问题直接输入秘塔AI搜索的搜索框，这里不需要更多的描述，只输入问题就可以了。

　　这里，我演示的是流程，就不分析所有问题了，用第一个问题演示一下，如图 1-5 所示。

图 1-5　秘塔 AI 搜索使用示例

提示词：

> 请分析 2024 年推进乡村全面振兴的国家政策与战略导向。

这里我选的是"全网"和"研究"两个选项。"全网"代表内容来自互联网各网站，"研究"使 AI 输出的内容更加丰富。搜索完"全网"，还可以继续选择"学术"进行搜索。

秘塔 AI 搜索输出示例 1，如图 1-6 所示（部分截图）。

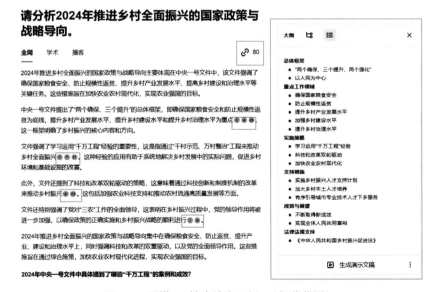

图 1-6　秘塔 AI 搜索输出示例 1（部分截图）

选择后 2~3 分钟，秘塔 AI 搜索结果就出来了。其中，包括对政策的分析、农业科技创新、农村流通高质量发展、加强党的领导作用、科技和改革双轮驱动的策略、乡村振兴人才支持计划、防止规模性返贫等方面的内容。这里我只截取了部分文字作为示范。

秘塔 AI 搜索界面的右上角，有个链接图标和数字，代表这个页面搜集的链接数量。这里秘塔 AI 搜索整合了 80 个信息源的相关内容。我们拉到页面底端，可以看到所有的这些链接，直接点击就可以查阅链接原文。这些信息源全部以引注的方式标在正文内容中了，非常严谨和规范。

在页面右边，是正文内容的大纲。最令人惊喜的是，这个大纲的内容，我们点击后，又会成为一个搜索主题，帮助我们不断往下探索。这种扩散和深入分析，让我们非常省心。这个操作可以不断往下进行。秘塔 AI 搜索整理提供的初步结论，可供我们后续深度思考和写作时使用。

试想一下，如果用传统的搜索方式，一条条搜索，还要剔除低质量的内容，筛选出这么多高度相关的链接，需要多少时间？把这些链接全部读完，整理成结论性的文字，又需要多少时间？借助秘塔 AI 搜索，你的信息处理效率会大幅提升。

第 3 步：判断信息质量

AI 输出的信息分析结果，我们不能全盘照收。我们需要判断 AI 输出的信息的质量，包括信息的准确性和相关性。这一步以人工为主，AI 为辅。

现在大模型的输出结果，由于是生成式的内容，可能存在误差。所以判断结果是否准确，考验人对工作层面相关问题的判断力，知道什么是对、什么是错。当然，这种情况不是特别多，但是一旦出现原则性的错误，问题就比较大了。例如，之前我在生成内容时，发现大模型生成的指导思想不是最新的，这就需要调整了。

除了准确性，我们还需要判断信息的相关性。AI 给出的内容，一般是通用性的信息和结论，我们要能够判断其是否符合本领域、本单位的工作实际，不能拿过来就用。

我们如果对搜索结果不满意，还可以调整提示词，返回第 2 步，让 AI

重新分析，直到得出满意的结果。

例如，如果你觉得 AI 给出的结果针对性不强，与你所在的地区关联性不大，你可以根据你所在的地区，加上限定词再把问题抛给秘塔 AI 搜索。

提示词：

> 请分析 2024 年西部地区推进乡村全面振兴的形势背景。

秘塔 AI 搜索输出示例 2，如图 1-7 所示（部分截图）。

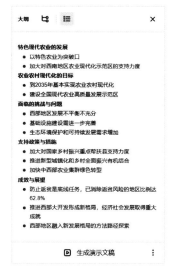

图 1-7　秘塔 AI 搜索输出示例 2（部分截图）

这里 AI 搜索和分析的结果，会结合西部地区的情况来进行分析、研究。

你应该发现了，即使 AI 给了结论，你还是需要对这方面实际工作有深入的了解，在此基础上，还要有一定的理论视角、政策视角，才能判断 AI 输出的信息质量高不高。这需要你平时多阅读理论书籍、文章，经常结合实际工作进行分析、研究。

这里，我还要提醒一点，对于 AI 给出的信息和结论，你还要格外注意信息源头的可信度。例如，秘塔 AI 搜索给的搜索结果会列出引用来源，你要注意审核引用来源的出处，信息源越权威越好。

政府网站信息、党报官媒的信息都是比较权威的信息。期刊论文信息要排序，CSSCI 期刊（中文社会科学引文索引）优于核心期刊，核心期刊优于普通期刊。如果是非官方网站的信息，一定要注意核实。

做完了前面三步，我们就完成了用 AI 辅助进行构思的任务。接下来就进入了写作环节，我们来看看怎么用 AI 辅助生成内容。

第 4 步：明确写作要求

要想让 AI 辅助写出一份符合你需求的文章，首先要先把写作要求明确地告诉 AI。这个提示词，要跟 AI 讲清楚你要写的文种是什么，有哪些重要观点、信息要写进去，对框架结构、语言表达有什么要求等。这一步以人工为主。

还是回到我虚拟的那个给领导写讲话稿的任务。假设现在你已经借助 AI，对乡村全面振兴工作进行了系统、深入的研究，对相关工作有了思路。

例如，通过秘塔 AI 搜索找到"实施乡村振兴人才支持计划"的具体内容，主要包括"加大乡村本土人才培养、有序引导城市各类专业技术人才下乡服务，以及全面提高农民综合素质等方面"，经过判断如果符合本地需要，就可以写进提示词中，作为农村人才队伍建设的核心对策，让 AI 围绕这三点填充内容。

提示词：

> 你是市政府政策研究室主任，熟悉农业农村工作，了解乡村振兴政策要求，请围绕以下【三个方面】，撰写领导讲话中关于"实施乡村振兴人才支持计划"的一个段落。要求：①根据主题拟一个概括内容、有思想性的段落标题；②符合部署任务的指示性语气，可以使用"要""必须"等词语，以明确工作任务；③字数为 400 字。

\# 三个方面

1. 加大乡村本土人才培养
2. 有序引导城市各类专业技术人才下乡服务
3. 全面提高农民综合素质

这个提示词是针对一个段落的提示词，里面包括之前分析得出的观点、结论，也包括对文字表达提出的要求。你可能会问，提示词为什么要这么写？为何要赋予AI一个角色身份？对于提示词的具体写作方法，这里不展开解释，放到第二节中进行详细讲解。

第5步：生成文本内容

当你输入提示词后，AI就会根据你提出的要求开始自动生成文本内容。在生成文本内容时，可以选择通义千问、文心一言、智谱清言等AI工具。这一步AI是主体，人工为辅助。

比较简单的公文类型，给一条提示词，AI基本就可以成文，如会议通知。但对于比较复杂的公文，注意要分两步进行：一是生成提纲，这个提纲是需要和领导进行确认的；二是生成内容，根据领导确认过的提纲，逐个部分生成内容。

请注意，AI有生成长度限制，逐个部分生成内容，结果会比较精准。

例如，我刚才就是用提示词写一个段落，这样能够让AI更专注，生成的内容质量会更高。在通义千问中输入第4步的提示词得到下面这段话。

AI 输出：

段落标题：筑基固本，聚智汇力——全面实施乡村振兴人才支持战略

在推进乡村振兴的伟大征程中，人才是激活农村发展潜力的首要动能。为构筑坚实的人才支撑体系，我们必须坚持多措并举，

11

精准施策，全力实施乡村振兴人才支持计划。首要之务，在于加大乡村本土人才培养力度，通过建立乡村人才培育体系，开展现代农业技术、乡村治理、电子商务等多元化培训项目，激励乡村内部潜力释放，让乡土人才成为乡村振兴的生力军。同时，必须有序引导城市各类专业技术人才下乡服务，通过政策激励、项目合作等形式，搭建城乡人才交流平台，吸引科研人员、高校毕业生等群体投身乡村建设，填补乡村高端人才空白，促进科技兴农、教育兴村。在此基础上，全面提高农民综合素质是根本所在，需通过普及科学文化知识、加强职业技能培训等手段，提升农民自我发展能力，培养造就一支懂农业、爱农村、爱农民的新型农民队伍。总之，我们要以时不我待的紧迫感，汇聚各方智慧与力量，奋力书写乡村振兴的时代新篇章，确保人才之水源源不断，为农业农村现代化奠定坚实的基础。

第6步：判断内容质量

对于AI输出的文本内容，你需要进行质量判断，包括文本结构是否完整、观点主题是否鲜明、行文逻辑是否清晰、语言表达是否合规等。这一步也是人工为主，AI为辅。

这一步的判断依据个人的公文写作专业知识和经验，也就要求你得先在头脑中，拥有好公文的样子，才能依据这个进行判断。

如果对AI生成的内容不够满意，你可以调整第4步的提示词，重复第5步，直到得到令自己满意的文本。

仍以关于"实施乡村振兴人才支持计划"的段落为例，AI生成的内容基本能满足需要，但是有些空泛，我还有一些更具体的措施和数据要求，可以用下面这条提示词。

提示词：

三个方面的措施要有具体工作和数据增长指标，相关数据用 ×× 代替，请补充相关内容。

AI 输出：

> 段落标题：筑基固本，聚智汇力——全面实施乡村振兴人才支持战略
>
> 在乡村振兴的宏伟蓝图中，人才是引领发展的关键。为系统推进这一历史使命，我们务必采取以下具体行动，并设定明确的增长指标：
>
> 首先，针对加大乡村本土人才培养，我们将实施"千村万人"培育计划，目标是在未来五年内，通过建立100个乡村实训基地，培训××万名涵盖农业技术、乡村旅游、电商运营等领域的本土人才，实现每个行政村至少有5名以上专业技能达标的技术能手，为乡村产业转型升级提供坚实的人才保障。
>
> 其次，有序引导城市各类专业技术人才下乡服务，计划在三年内通过"城乡人才互动工程"，吸引××千名城市专业人才到乡村挂职、兼职或参与项目合作，特别是引进××百名以上高级专家和学者，直接参与农业科技研发、教育医疗援助等，预期带动乡村科技创新项目增长××%，显著提升乡村公共服务水平。
>
> 最后，关于全面提高农民综合素质，我们将启动"新农民素质提升工程"，预期通过线上线下相结合的方式，每年培训农民××万人次，重点提升农民信息技术应用、市场经营、法律意识等方面的素养，力争五年内使农民大专及以上学历比例提升至××%，为打造知识型、技能型、创新型农民队伍奠定坚实的基础。
>
> 通过这些具体而量化的举措，我们旨在构建起多层次、宽领域的人才支撑体系，确保乡村振兴战略在人才驱动下稳步前行，开创农业农村现代化的新局面。

这里，我增加了一个要求"三个方面的措施要有具体工作和数据增长指标，相关数据用××代替"。AI随即根据这个要求，对前面的内容进行了

补充和完善，明显充实了很多。这时我们再结合本地实际，把数据指标填进去，一个段落就基本成型了。

第7步：精调文本内容

理想状态下，AI大致能输出70~80分的公文材料，但要达到更高的水平，就需要我们来亲自动手修改，对文本进行最后的精加工。例如，在上一步生成的内容中，AI用了很多"我们"，还有"首先、其次、最后"这样的表述，都不是很符合公文的语言表述风格，可以去掉。还有，标题也不是很符合公文标题写作方式，需要修改。例如，可以改成"坚持筑基固本、聚智汇力，全面实施乡村振兴人才支持战略"。

类似这样的修改，需要凭借公文写作的基本经验进行判断。这一步是确保公文质量的关键环节。我们需要对AI输出的内容和最终的写作结果负责。

当然，无论是判断AI生成文本的质量，还是精调文本，这种能力都是需要进行专项训练的。我们平时多写、多实践，才能具备这种判断和修改能力。

以上就是"AI辅助公文写作七步法"的流程。你会发现，整个流程人与AI是密切协作，不断调整、反馈的过程。古希腊智者普罗泰戈拉有一句名言："人是万物的尺度。"在与AI的协作中，人也应该始终是AI的尺度，因此我们要有掌握尺度的能力。

用AI辅助高效写公文共分七步，主要分成辅助构思和生成内容两个阶段，其中AI工具负责核心内容创作，我们负责判断和修改。

无论你是刚刚开始写公文的新手小白，还是有一定写作经验的人，希望你通过本书的实操练习，能够熟练掌握"AI辅助公文写作七步法"，不断提升公文写作效率。

如果你在平时写的不是行政公文，本书讲到的AI辅助写作方法，也可以迁移到其他类型的职场写作中，无论是简单的周报、月报，还是复杂的营销策划方案、市场研究报告，跟AI协作的底层逻辑都是相通的。

第二节　1 个框架，让 AI 听懂指令快速写公文

现阶段，我们与 AI 沟通，主要是通过提示词。提示词其实就决定了 AI 输出内容的质量和效果，这是用 AI 给公文写作提效的基本技能。

但如果你已经尝试过用 AI 写公文，可能会有这样的感受，就是 AI 输出的内容深度不够，遣词造句非常生硬，不符合公文表达的特点。

我发现很多人在与 AI 互动的过程中，存在这样两个问题：

一是过于简单，就一两句话。例如，"请帮我写一篇人力资源工作年终总结"。这样笼统宽泛的要求，因为缺少细节，所以 AI 输出的必然是套路式内容。

二是过于混乱。写了很长一段话，把混乱的想法一股脑发给 AI，没有提出结构化的要求，最后导致 AI 输出的内容不在点上。

怎么才能让 AI 输出贴合我们需求的文章呢？

本节就来解决这个问题。这里我给你一个通用的提示词框架，帮你构建结构化的提示词，实现与 AI 的高效沟通。

这个提示词框架是：【角色＋背景＋任务＋要求】＋调试，如图 1-8 所示。

图 1-8　提示词框架

一、三个要素巧妙设定角色

在公文写作中，为 AI 设定相关角色可以帮助它更好地理解公文的写作视角、专业知识和表达风格，从而提供更加贴近实际情况的回答。

设定 AI 角色，可以参照这个公式：

角色 = 单位 + 身份 + 能力

（一）单位

写清楚公文材料涉及的行业单位，不用具体到是哪个单位，写清楚类别就行。

政府部门，例如省政府办公厅。

事业单位，例如大学教务处、医院办公室。

央企、国企，例如国家电网省级分公司人力资源部。

（二）身份

以下三类职务或者资历，是我在生成公文时比较常用的：

（1）办公厅（室）主任。主任这个职务与办公厅（室）连起来，不用多说，一般都是"大笔杆子"，所以写材料用这个职务比较合适。与前面的单位连起来，如省政府办公厅主任。

（2）领导职务。你可以根据材料涉及的内容确定领导职务。例如，省长、市长、厅长、处长等。

（3）专家。如果涉及一定的专业研究，可以用专家身份。例如，历史学教授、政治学教授、社会学教授等。当然，你也可以根据自己的需要，设置不同的职务身份。

（三）能力

能力是指对角色的能力界定，可以赋予这个角色专业技能、专业知识、工作经验、行为方式等。常用的能力水平界定词有：深刻理解……；充分掌握……；擅长……；善于运用……；有丰富的……经验；致力……领域。

例如，要写新型工业化方面的材料，可以写"非常熟悉新型工业化的政策文件，了解实现新型工业化的发展路径"。

二、清晰描述三种写作背景

设定好角色后，接下来要做的就是在提示词中描述背景，让 AI 了解更多任务信息。

例如，领导交给你一个任务，让你给他写一篇讲话稿。如果不交代背景信息，你是不是会感到很困惑？你脑子里估计会飘过一连串问号：在什么场合讲话？讲话的目的是什么？会议主题是什么？有哪些人参加？听众是什么层次的？

给 AI 布置写作任务的时候，也是一样的，需要把这些背景信息交代清楚，AI 才能根据你的需求去完成写作。

对于不同的公文文种，你可以从下面这三个角度出发来描述背景。

（一）公文写作任务的宏观背景

要讲清楚公文材料涉及的上级政策精神、面临的形势等情况。

例如，为贯彻落实中央经济工作会议精神，加快推进新型工业化。

（二）公文写作任务的微观背景

要讲清楚为什么会有这个任务需求，要做什么。

例如，××市将召开经济工作座谈会，会议将围绕"大力推进新型工业化 发展数字经济"进行交流讨论。

（三）公文写作任务的受众背景

将目标受众纳入写作背景，让 AI 了解写作的内容是给什么人看的。特别是对于讲话、发言类稿件，写作背景交代很重要，会决定讲话的风格及语气。

例如，参会人员为政府相关部门负责人、市辖区县领导、企业家代表、经济专家、金融机构负责人等。

三、准确界定两类工作任务

角色设定好了，背景信息也描述清楚了，接下来就可以给 AI 下任务了。根据 AI 公文写作七步法，在提示词中布置公文写作任务可以分为两类：一类是用 AI 来辅助文本输出，另一类是用 AI 辅助构思。

（一）文本输出任务

对于简单的公文，可以直接输出整篇内容；对于复杂的公文，最好是逐个部分生成。具体到标题、段落、句子，都可以通过任务提示词，让 AI 完成相应的任务。这里的任务是要和前面的角色、背景一致的。

（二）构思任务

对于比较复杂的公文材料，写作过程需要进行构思的分析，其中涉及信息的搜集整理和判断。

用 AI 来辅助构思有两种提问方式：

一是正向提问，适合已经有明确的问题，让 AI 去执行相关任务。例如，在第一节演示过的，用秘塔 AI 搜索进行问题相关信息研究、分析，就属于这类任务。

二是反向提问，当你还不清楚应该提出什么问题时，可以让 AI 对你进行提问。你可以用 AI 分析问题的背景，让它对你提出的相关写作背景提问，这能够促进你的思考。

我们来看一个组合了角色、背景、任务的提示词。注意，标示出角色、宏观背景、微观背景、目标受众背景，是为了让读者看清楚，在实际提示词中，这些方括号是不需要出现的。

提示词：

> 【角色】你是省政府办公厅主任，非常熟悉新型工业化的特点及要求。接下来，请你指导我写好一篇领导讲话稿。【宏观背景】为贯彻落实中央经济工作会议精神，加快推进新型工业化，【微观背景】××市将召开经济工作座谈会，会议将围绕"大力推进新型工业化 发展数字经济"进行交流讨论，【目标受众背景】参会人员为政府相关部门负责人、市辖区县领导、企业家代表、经济专家、金融机构负责人等，【任务】我是市政府办公室工作人员，要撰写一篇市长在座谈会上的讲话发言，请告诉我应该从哪些方面撰写这篇讲话稿，并列出讲话要点。

AI 输出：

> 撰写市长在座谈会上关于"大力推进新型工业化 发展数字经济"的讲话稿，应当围绕中央经济工作会议精神，结合××市的实际情况，强调新型工业化的重要性和紧迫性，同时明确发展方向、策略、措施及对参会各方的期望。以下是一份可能的讲话要点大纲：

开场致辞

1. 欢迎与感谢：对与会的各部门负责人、区县领导、企业家、经济专家及金融机构负责人的到来表示热烈欢迎和衷心感谢。

2. 会议背景与目的：简述当前国内外经济形势，强调在新时代背景下推进新型工业化，特别是发展数字经济，对于促进经济高质量发展、提升城市竞争力的重要意义。

新型工业化的时代背景与重要意义

（略）

还有一种可能，就是你即使知道要从宏观、微观和目标受众三个方面思考背景，也不一定清楚具体的背景内容是什么。这种情况下，你可以让 AI 向你提问，来辅助你分析背景信息。

提示词：

你是省政府办公厅主任，擅长公文材料写作。我要撰写一篇领导在经济工作座谈会上的讲话稿。请你从不同方面去拆解这篇公文的背景，分析解决这个问题需要哪些信息。根据你的分析，向我询问你需要知道的信息。请你提出尽可能多的问题。

AI 输出：

撰写一篇领导在经济工作座谈会上的讲话稿，需要深入分析当前经济形势、政策导向、地方实际情况及未来规划等多方面的内容。为了确保讲话稿内容精准、针对性强，以下是我需要了解的具体信息，请逐一回答。

1. 会议背景与目的

- 此次经济工作座谈会的主要目的是什么？是总结过去一年的经济工作，还是部署新一年的经济发展计划，或是针对特定经济问题寻求解决方案？

- 会议邀请了哪些参与单位和重要嘉宾？他们的关注点或期望

> 是什么？
>
> 2. 宏观经济形势
>
> （略）

AI 提出的问题非常详细，甚至比很多公文高手分析得还要全面。这也是我说在 AI 的协助下，我们可以快速提升思考能力的原因。

这里面的很多问题，在实际写作中非常有用。但在这里，你不需要完全回答，只要把与会议背景相关的问题的答案放到提示词中即可，整个会议的背景就非常清晰了。

四、两类要求提升输出质量

接下来就是给 AI 明确输出要求。例如，语言表达要求。你可以在提示词中明确，要求语言符合公文表达特点、多用短句、保持客观陈述等，根据不同文种提出相应的要求。再比如篇幅字数要求。在提示词中要明确输出长度，避免要求模糊。AI 输出长度有限，目前一般为 2000 个汉字。因此，对于篇幅较长、比较复杂的文种，需要分段输出。

语言和字数是两类常见的要求。但就公文写作而言，如果你想要提高 AI 输出的可控性和文字精度，你还可以给 AI 提下面两类要求，一是让它指定内容要点，二是让它框定内容结构。

（一）指定内容要点

明确核心内容要点是确保公文质量的关键，这点在提示词中要有明确体现。

对于简单的公文来说，要点来自写作者对工作的把握。例如，会议通知中的会议时间、参加人员、会议议程等，这些都是需要由写作者直接给出的。

相对比较复杂的公文，内容要点来用 AI 辅助构思之后形成的要点。例如，理论文章的观点，来自人与 AI 协作进行信息分析之后的提炼总结。下面举个例子。

提示词：

> 你是银行总行办公室主任，擅长金融领域的公文写作，熟悉中央的金融政策。我要撰写一篇基层支行防控金融风险的理论文章，请为我提供一个核心论点和三个子论点，按照有序列表输出。

AI 输出：

> 当然，很高兴为您提供帮助。针对基层支行防控金融风险的理论文章，以下是一个核心论点及三个子论点的建议框架。
>
> 核心论点：
>
> 强化基层支行金融风险管理能力是维护金融稳定、促进可持续发展的基石。
>
> 子论点：
>
> 1. 建立健全内控制度，夯实风险防控基础
>
> （略）
>
> 2. 利用科技手段提升风险识别与应对能力
>
> （略）
>
> 3. 加强员工培训与文化建设，构建全员参与的风控氛围
>
> （略）

这个提示词，适用于不知道内容要点，想请 AI 提供内容要点。可以看出，AI 提供的要点已经非常详细了。这里需要根据你的业务理论知识，对这些论点进行分析，然后把这个内容要点，带入下面的提示词。这样就在提示词中框定了内容输出的基本范围。这里我就不修改了，直接带入提示词。

提示词：

> 你是银行总行办公室主任，擅长金融领域的公文写作，熟悉中央的金融政策。请你根据以下【论点框架】进行扩充，保持论点不变，撰写一篇理论文章。要求表达用专业术语、客观陈述，

符合报纸理论文章的风格，字数为1500字。

\# 论点框架

核心论点：

强化基层支行金融风险管理能力是维护金融稳定、促进可持续发展的基石。

子论点：

1. 建立健全内控制度，夯实风险防控基础

（略）

AI输出：

强化基层支行金融风险管理能力：金融稳定的基石与可持续发展的推手

在全球经济一体化和金融科技日新月异的背景下，金融体系的稳定性和可持续性成为国家经济发展战略的核心议题。作为金融体系的"神经末梢"，基层支行直接面向市场和客户，其金融风险管理能力的强弱直接关系到整个金融系统的安全与效率。因此，强化基层支行金融风险管理能力，不仅是维护金融稳定的关键举措，更是促进经济可持续发展的坚实基石。

一、建立健全内控制度，夯实风险防控基础

基层支行作为金融服务的第一线，其内控制度的完善程度直接影响风险防控的效果。近年来，随着中央金融政策的不断调整和完善，特别是对于防范系统性金融风险的高度重视，基层支行必须紧跟监管导向，持续优化内部管理架构。这要求基层支行不仅要全面理解和贯彻最新的监管要求，还要结合自身的业务特点，细化、制定相应的内部管理制度和操作流程。例如，在信贷审批环节，应建立科学的评级体系和严谨的审批流程，确保贷款项目的合理性和安全性；在资金运作方面，需实施严格的流动性管理和资产配置策略，防止资金错配风险；在客户尽职调查上，则要强化信息的真实性审核，堵截不法行为。通过制度化、流程化的

精细管理，减少人为因素的干扰，从根本上提升风险防控的严密性和有效性。

（略）

（二）框定内容结构

除了指定内容要点，还可以对公文材料的内容框架进行框定。具体来说，可以用"写作公式"和"内容模块"两种方式进行框定。

1. 用"写作公式"框定结构

写作公式就是对公文材料的底层结构进行拆解。它不涉及具体的内容要点，只是结构。

以总结类公文为例，我们可以拆解出如下写作公式：

总结类材料篇章＝①帽段＋②主体段（做法）＋③主体段（问题）＋④主体段（计划）

总结类材料各段落公式：

帽段＝指导思想句＋情况背景句＋工作思路句＋工作成果句

主体段（做法）＝主题句（Why）＋支撑句（How）＋支撑句（What）

主体段（问题）＝客观形势句＋问题表现句

主体段（计划）＝形势分析句＋工作思路句＋结尾句

用公式带入提示词，就能够让AI按照指定句式输出。下面以很多人觉得不太好写，容易写空的帽段为例。

【帽段公式扩写】提示词：

你是国家电网A市电力公司办公室主任，具备深厚的公文写作功底，对中央能源政策把握准确，对当前电力工作发展形势与现状认识深刻。请你按照【帽段公式】撰写一段本公司年终工作总结帽段，要求融入中央最新的能源政策精神，语言表达符合公文特点，字数为300字。

＃帽段公式

帽段＝指导思想句＋情况背景句＋工作思路句＋工作成果句

AI 输出：

> 根据党中央、国务院关于推进能源生产和消费革命，构建清洁低碳、安全高效的能源体系的最新指示精神，面对今年国内外经济环境复杂多变、能源需求结构快速调整的新形势，我司在市委市政府及上级公司的坚强领导下，深入贯彻绿色发展理念，坚定不移地走高质量发展道路，围绕"稳增长、调结构、促改革、惠民生"的工作主线，积极应对各种挑战，取得了显著成效。全年供电量同比增长 7.5%，清洁能源消纳比例提升至 38%，超额完成了节能减排目标，为地方经济社会持续健康发展提供了坚强的电力保障，彰显了国有企业的责任担当。

需要注意，这里 AI 给出来的段落是通用的"套路"，而且有时输出的内容不一定是最新的精神，这就需要你结合本单位的实际情况，对指导思想、情况背景、工作思路和工作成果进行改写。当然，改写肯定比你直接写要快得多。

再看一个主体段的写作案例。这里假设一个情境，我们需要把一段工作情况原始素材改写成总结材料。我们用指定公式的方式对这段原始材料进行改写，工作情况原始素材用一段新闻稿进行演示。

【主体段公式改写】提示词：

> 你是市政府办公室主任，善于分析工作做法、总结提炼工作重点。请按照【主体段公式】改写【工作情况】内容，要讲清楚核心做法，列举关键数据，不列举个人案例，字数为 300 字。
>
> # 主体段公式
>
> 主体段公式 = 主题句（Why）+ 支撑句（How）+ 支撑句（What）
>
> 主题句（Why），用一句话概括提出本段的中心思想。
>
> 支撑句（How），说明本段的主要做法。

支撑句（What），围绕做法提供实例、理由、细节等。

工作情况

"农村自建房涉及资格审查、规划审查、用地审查、安全审查，且环环相扣。"××区政务服务中心副主任××告诉记者，先不提在村组一级征求意见、公示和审查等前期准备工作，单就乡镇来说，因为牵涉的部门多、事项杂，难免给群众带来"多头跑""多趟跑"的困扰。"几乎每个部门都得现场查验，一套流程下来，往往需要三四个月。"××镇自然资源办主任××说，村民不光申请难、准备资料难，更容易因为资料繁杂"跑错门"，耗时更长，以致有的村民等不及就未批先建，边报边建，这又给自建房埋下了安全隐患。怎么保障农村建设高效又安全？在××区政务服务中心工作人员的基层调研中，这是村民普遍关心、集中反映的难题。"从压缩时限这一痛点着手，我们依托××省'互联网＋政务服务'平台搭建'××市××区农村建设许可模块'，推出建房、设施农用建设等四类'农村建设一件事一次办'情景套餐，优化环节、整合资源，让群众'最多跑一次'，甚至'一次都不跑'。"××说。以老百姓关心的农村建房为例，利用网络平台"一窗受理"后，原来相对分散的审批环节精简整合为"建房申请、踏勘测量、规划例会、定桩放线、房屋验收"5个阶段。村民在手机上一键上传申请资料，或到乡镇政务服务专窗只跑一次即可。各部门信息共享、并联审批，原来3个多月的全流程办理时限被压缩到13个工作日左右。××乡××村村民××对此深有体会："9月15日提出建房申请，不到5个工作日，第三方机构就到家门口测量。再过一天，乡镇综合执法大队牵头，协同自然资源所、农业综合服务中心、交通管理站等多部门联合小组，就一起上门勘察。""这期间，因为资料不齐备，还补充过两次，但由于勘察和审核同步推进，时间一点都没耽误。"××说，前后10天时间，建房审批顺利通过，她早早联系好施工队，及时进场。

AI 输出：

主题句（Why）：为解决农村自建房审批流程烦琐、耗时长的问题，提升农村建设效率与安全性，我们采取了创新性的数字化管理措施。

支撑句（How）：我们通过依托省级"互联网＋政务服务"平台，创新开发了"××市××区农村建设许可模块"，实现了建房审批流程的数字化转型，将复杂的线下多部门审核流程整合为线上"一件事一次办"模式，极大地简化了申请步骤，强化了部门间的信息共享与协同作业能力。

支撑句（What）：在具体实施中，我们将农村建房审批流程精简为 5 个核心阶段，民众仅需通过网络平台或一次前往乡镇政务服务窗口提交申请。得益于这一改革，原本需耗时约 3 个月的审批流程缩短至大约 13 个工作日。实践证明，该举措成效显著，如××乡一名村民从申请建房到审批通过仅用了 10 天，其间虽有资料补充，但并联审批机制确保了整体进程不受影响，充分体现了新流程的高效与便捷，有效避免了村民因等待审批而私自建房的安全隐患。

前面的帽段案例是用公式扩写的，扩写后还需要根据工作实际进行修改。这里主体段的案例是用公式改写的，原始素材本身就来自工作的实际情况，因此改写完不需要再进行工作内容调整，只需要做词句上的调整就可以了。例如，这里需要把段落中的"我们"去掉，还有在总结材料中不需要具体到个人的案例。这里支撑句中"实践证明，该举措成效显著"之后的内容，都可以去掉。类似这样的修改，需要有一定的公文写作经验。

2. 用"内容模块"框定结构

模块是指对优质的公文进行拆解后，提炼出不同的段落模块，相当于把优秀作文段落的写作模版提炼出来。举个例子，总结材料中的问题段是比较难写的，即使套用公式生成内容的质量也可能不高，这时就可以用内容模块框定结构的方法，来实现更加精准的输出。

总共可以分三步：

第一步，选择可拆解段落。你先找一段觉得写得非常好的段落，作为拆解模块的对象。

例如，我们也清醒地认识到，我省发展还面临不少问题和挑战。经济恢复的基础不够稳固，需求收缩、供给冲击、预期转弱带来的影响比较明显。产业链供应链还存在不少堵点、卡点，中小微企业困难增多。新旧动能转换任务艰巨，传统产业转型升级步伐不快，……发展不够平衡，城镇化进程滞后，不同区域产业层次、城市能级差距较大。……一些干部对新发展理念领悟不透，境界上不去、思路打不开、打法不创新。贯彻落实新发展理念的知识能力不足，创新开放改革的作风不过硬，缺少担当作为、敢闯敢试的那股子劲、那股子气，把说了当做了、把做了当做成了的情况不同程度存在。有的地方和部门形式主义、官僚主义仍然突出，少数领域腐败问题仍有发生。对这些问题，我们要高度重视、认真分析，一件一件地加以解决，更好地适应时代和人民的要求。

第二步，提取内容模块。把这段话中涉及的具体工作去掉，可以提炼出"问题段模块"如下：

我们也清醒地认识到，……还面临不少问题和挑战。……不够稳固，……带来的影响比较明显。……还存在不少堵点、卡点，……困难增多。……任务艰巨，……不快，……不高，……偏少，……认识不够、行动不快，……程度不够，……不充分、……不丰富。……产出较低，……不多。……建设滞后，……不足、……不高。……不够平衡，……滞后，……差距较大。……任务繁重。……较少。……仍然突出，……问题仍有发生。

这个模块的用词精准，相当于一个写作模具，把工作问题套进去，可以保证你对问题写作的分寸，不会出大的差错。

第三步，把内容模块放入提示词。

【问题段模块扩写】提示词：

你是 A 银行 B 省分行办公室主任，具备深厚的公文写作功底，对问题分析精准。请你结合当前金融工作形势，针对分行存在的问题进行分析，写一段年终总结中的问题段，请按照【问题段模块】的内容撰写。要求把握问题分寸，客观中立，字数为400字。

问题段模块

我们也清醒地认识到，……还面临不少问题和挑战。……不够稳固，……带来的影响比较明显。……还存在不少堵点、卡点，……困难增多。……任务艰巨，……不快，……不高，……偏少，……认识不够、行动不快，……程度不够，……不充分、……不丰富。……产出较低，……不多。……建设滞后，……不足、……不高。……不够平衡，……滞后，……差距较大。……任务繁重。……较少。……仍然突出，……问题仍有发生。

AI 输出：

我们也清醒地认识到，在过去的一年里，面对复杂多变的金融工作形势，我行虽取得了一定的成绩，但仍面临不少问题和挑战。首先，客户服务体系不够稳固，市场波动带来的影响比较明显，尤其是在风险管理与应对突发事件上，还存在不少堵点、卡点，导致客户满意度有所下降，维护优质客户资源的困难增多。

其次，金融科技转型任务艰巨，数字化进程推进不快，创新能力不高，针对小微企业及零售客户的金融产品创新偏少，这在很大程度上制约了我们的市场竞争力。员工对金融科技变革的认识不够、行动不快，导致数字化转型的程度不够深入，线上服务场景构建不充分，客户体验提升举措不丰富。

再次，资源配置效率产出较低，高效益业务拓展不多，特别是在绿色金融与普惠金融领域，项目投入与产出不成正比。同时，人才队伍建设滞后，专业能力培训不足、金融科技人才储备不多，严重影响了业务的可持续发展能力。

最后，区域发展不够平衡，农村金融服务滞后，与城市业务的差距较大，阻碍了全面服务乡村振兴战略的实施。面对日益增长的金融消费者权益保护需求，我们在这方面的任务繁重，有效应对机制较少，客户投诉率仍然突出，部分操作风险问题仍有发生。

综上所述，我们必须直面这些问题与挑战，以更加积极主动的态度，深化内部改革，加快转型升级，全面提升金融服务质效，为来年的稳健发展奠定坚实的基础。

AI很快就按照这个内容模块的框架，生成了问题段的内容。你需要根据单位的实际，对号入座修改内容、删减调整。

五、三种方法调试优化结果

完成前面4步，AI已经能给你输出一篇公文初稿了。但你肯定不能直接拿来用，还需要进行相应的细化调整。经过测试，调试优化的方法主要有以下三种。

（一）对提示词进行修改

如果生成的公文内容与预期结果存在较大偏差，需要考虑对提示词进行修改。

例如，调整提示词的表达方式、增加新的内容要求、调整写作公式等，以使提示更加贴近实际需求。

（二）指出答案存在的问题

当内容问题不大，并且能够明确指出时，可以告诉AI存在哪些问题，并提供具体的修改建议。例如，对某一部分内容进行细化，调整某一部分内容的语言表达方式等。

（三）直接重新生成多份答案

同一提示词，点击重新生成，也会得出有所不同的输出结果。可以让AI多次重新生成，这样就可以优中选优，或者把多份不同的答案相比较，组合出最优结果。

通用提示词框架包括四大内容要素和一个使用要点。四大内容要素

是：角色、背景、任务、要求，要得出好结果需要把握好"调试"这个使用要点。

这个通用提示词框架理解起来并不难，但要真正用好，还得对框架中的各要素进行仔细推敲。尤其是背景描述、任务节点和要求，都需要你对工作本身以及文种的写作要点，有比较清晰的把握。

本节重点介绍的是通用提示词框架的概念，在后面讲解文种写作的过程中，还会反复用到这个通用提示词框架。此外，通用提示词框架不仅可以用在写作方面，在解决其他工作任务上也是通用的。你可以发挥想象力，看看用这个框架还能帮你解决什么问题。

第二章

一键成文：用 AI 辅助精准、高效传递信息

第一节　如何用 AI 辅助写通知

从本节开始，正式进入文种部分的学习。接下来，讲解机关行政工作中的 14 种常用公文，既有法定公文也有事务公文。这一章先从比较简单的初阶文种开始，主要包括通知、通报、消息、信息、纪要等五个文种。

所谓初阶文种，指的是相对简单的文种，主要是基于现有信息的梳理、整合、分析、提炼，在构思上不需要做更多创造性工作，很多时候直接用 AI 输出内容效果就可以。因此，初阶文种的 AI 运用相对比较简单，即便你没有公文写作基础，写作经验比较少，也能一看就懂。

我们先来学习如何用 AI 辅助写通知。对公文新手来说，通知可能是进入职场写的第一份公文。它在日常工作中较常见，如要开会、放假、职务任免、公文批转、转发等，都需要写一份相应的通知。

以上这些属于比较简单的事务性通知，套用模板就能快速成文。还有一类指示性通知，相对比较复杂，如部署工作任务的通知、贯彻指示精神的通知等。这类通知需要对工作进行有针对性的研究，在明确要传达的指示精神和有关要求后，才能让 AI 来辅助写作。本节主要针对这两类通知进行讲解。

一、事务性通知：讲清要点好执行

在事务性通知中，放假、职务任免、批转和转发公文通知，基本上只有几句话，难度不大，没有必要用 AI 辅助处理。只有会议通知相对复杂一些，而且经常使用，比较适合用 AI 来辅助提效。接下来，我们就进入实操讲解环节，你可以打开电脑对照着进行操作练习。这里我使用的 AI 工具是通义千问，你也可以使用其他 AI 工具。

先设定一个任务场景：

你是 A 集团办公室工作人员，年底集团要开年终总结表彰会议，领导让你下发会议通知。

会议通知比较简单，不需要用 AI 辅助构思，直接进入用 AI 辅助生成内容就可以了。这里有两种 AI 辅助生成内容的方式：

第一种是不限定内容要点和结构，让 AI 输出通知框架后，你来根据实际情况填充内容。

第二种是限定内容要点和结构，让 AI 按照你的具体需求进行撰写。

先来看第一种方式。

提示词：

> 你是 A 集团办公室主任，请以集团名义面向各分公司、各部门，下发召开年终总结表彰会议的通知。

AI 输出：

> 【A 集团文件】
>
> 主题：关于召开 A 集团 2023 年度年终总结表彰大会的通知
>
> 发文编号：AG-NT-2023-12-01
>
> 致：A 集团各分公司、各部门
>
> 自：A 集团办公室
>
> 日期：2023 年 11 月 28 日
>
> 为进一步总结经验、表彰先进、规划未来，经集团高层研究决定，将于近期召开 A 集团 2023 年度年终总结表彰大会。现将有关事项通知如下：
>
> 一、会议时间
>
> 会议定于 2023 年 12 月 30 日上午 9：00 准时开始，预计至下午 5：00 结束。请参会人员提前 15 分钟到场签到。
>
> 二、会议地点
>
> 主会场设在集团总部大楼一楼多功能厅，并通过视频会议系统同步至各分公司会议室。
>
> 三、参会人员
>
> （略）

特此通知。

敬请遵照执行。

A 集团办公室

2023 年 11 月 28 日

因为会议通知很常见，大模型已经有大量会议通知的训练数据，但 AI 输出的内容不一定符合你们单位的需求，你需要根据本单位的实际情况进行修改。

例如，有可能你们单位召开重要会议，通知中习惯上要写会议主题这一项，你就需要把这一项在框架中补上。

因此，这里我建议用第二种方式，把符合你们单位需要的特定格式的通知变成写作公式，通过限定内容要点和结构，一步生成到位。而且，后续无论写什么通知，只要修改提示词中的会议基本信息即可。

下面是我列出的会议通知写作公式，你可以根据你们单位的实际情况对段落项目进行增减。

会议通知写作公式：

会议通知篇章＝标题＋帽段＋主体段（会议主题）＋主体段（会议时间）＋主体段（会议地点）＋主体段（参加人员）＋主体段（议程）＋主体段（会议要求）

标题＝发文机关名称＋事由＋通知

帽段＝会议背景句＋召开目的句＋召开依据句

主体段（会议要求）＝上报名单＋报送资料＋注意事项（着装、会场纪律）＋联系人＋联系方式

结合会议通知写作公式，填充会议内容要点，这样就能精确输出会议通知了。

【会议通知】提示词：

你是 A 集团办公室主任，请以集团名义面向各分公司、各部门，下发召开年终总结表彰会议的通知。请你根据给定的【会议

基本信息】，按照【会议通知写作公式】撰写一份会议通知。要求各段落有明确标题，表达清晰、简洁。

　　#会议基本信息

　　会议主题：砥砺奋进新征程　筑梦前行铸辉煌

　　会议时间：20××年××月××日，8:00—10:00

　　会议地点：公司总部大楼第一会议室

　　参会人员：各分公司主要负责人、各部门经理及以上职务人员、受表彰的优秀员工代表

　　会议议程：1.A董事长作年度工作总结报告；2.表彰业绩突出部门及个人；3.各获奖单位代表经验交流

　　交流材料提交时间为××月××日17:00前；着装要求：着正装。

　　#会议通知写作公式

　　会议通知篇章=标题+帽段+主体段（会议主题）+主体段（会议时间）+主体段（会议地点）+主体段（参加人员）+主体段（议程）+主体段（会议要求）

　　标题=发文机关名称+事由+通知

　　帽段=会议背景句+召开目的句+召开依据句

　　主体段（会议要求）=上报名单+报送资料+注意事项（着装、会场纪律）+联系人+联系方式

AI 输出：

　　【会议通知】

　　A集团关于召开"砥砺奋进新征程　筑梦前行铸辉煌"年终总结表彰会议的通知

　　帽段：

　　鉴于20××年即将圆满落幕，为全面回顾集团一年来的奋斗历程与辉煌成就，表彰先进，激励士气，同时规划新一年的发展蓝图，根据集团年度工作计划安排，特此召开年终总结表彰

会议。

主体段（会议主题）：

本次会议主题为"砥砺奋进新征程 筑梦前行铸辉煌"，旨在总结经验、表彰先进、分享成功案例，进一步凝聚团队力量，为集团的持续发展注入新动力。

主体段（会议时间）：

会议定于20××年××月××日上午8：00至10：00举行。

主体段（会议地点）：

（略）

A集团办公室

20××年××月××日

这个会议通知提示词，你可以结合本单位的具体情况进行修改，然后保存下来，下次写会议通知的时候，只需要把会议基本信息填进去就可以了。会议通知写作公式修改起来也很简单，就是结合会议实际情况增减项目。例如，会议如果涉及食宿安排、会议报到方式等，在篇章公式中加入即可。

会议通知比较简单，一般只有帽段需要结合单位实际和领导要求，进行一定的调整。

举一反三，类似会议通知的比赛通知、培训通知等，也可以如此操作。

二、指示性通知：把握关键有章法

指示性通知相对比较复杂，需要先用AI辅助对通知的工作事项进行具体研究，提出有针对性的对策措施、有关要求，然后再套用写作公式生成内容。

下面我结合部署工作通知和贯彻指示通知，进行实操讲解。

（一）部署工作通知

部署工作通知，一般是针对当前的重点工作、热点问题下达的。例如，安全生产、抗洪抢险、森林防火等重难点、季节性工作。

先设定一个任务场景：

你是县林业局工作人员，领导要求根据最近的工作形势，下发一份森林防火工作通知。这是一项季节性工作，每到森林火灾高发的秋冬季节，都会发布通知，对各单位提出工作要求。你刚到单位，对这项工作还不熟悉。

如果是以前，你可能需要参考以往的通知，现在可以用AI来辅助你写好这份通知。

首先，用AI辅助进行构思。这份通知的工作问题很明确，就是"秋冬季森林防火的关键问题和预防措施"，把这个问题带入提示词，让AI进行分析处理即可。

第一步：分析、处理工作问题

让AI扮演林业局专家，为你提供智力支持。

提示词：

> 你作为省政府林业局专家，对森林防火有深刻的认识，充分了解森林火灾的特点以及防范要求。请你基于专业知识和经验，列出秋冬季森林防火需要注意的关键问题，并给出相应的预防措施和建议。确保这些问题和建议能够帮助相关部门和人员更好地进行森林防火工作，保护森林资源和生态环境。

AI输出：

> 秋冬季是森林火灾的高发期，这一时期天气干燥、风力较大，落叶枯枝增多，极易引发火灾并迅速蔓延。针对这一时期的森林防火工作，以下是需要注意的关键问题及相应的预防措施和建议：
>
> 关键问题
>
> 1. 气候干燥与大风天气：秋冬季空气湿度低，加之频繁的大风，为火种传播提供了有利条件。
>
> （略）
>
> 预防措施与建议

1. 加强气象监测与预警：密切监测天气变化，利用现代气象技术提前发布火险预警，特别是大风天气的预警。

（略）

可以看出来，AI给出的措施与建议还是比较专业的。可以用它作为通知的基本内容要点。这里我不做专业方面的调整，直接进入用AI辅助生成内容。

注意，接下来的对话要保持在同一个对话框中。

第二步：套用公式生成内容

根据部署工作通知撰写的基本规范，我提炼出如下公式。

部署工作通知写作公式：

部署工作通知篇章＝标题＋通知缘由段＋通知事项段＋结语段

标题＝发文机关名称＋事由＋通知

通知缘由段＝背景情况句＋发布依据句＋目的句＋引出下文句

通知事项段＝事项标题＋主题句＋支撑句（对策措施）＋支撑句（注意事项）

结语段＝强调要求句

把公式放入提示词。

【部署工作通知】提示词：

你是县林业局工作人员，请根据上述内容，以××县林业局的名义，面向××县各基层单位，按照【部署工作通知写作公式】撰写一份通知用于部署森林防火工作。行文运用指示性语气，正规严肃，字数为2000字。

部署工作通知写作公式

部署工作通知篇章＝标题＋通知缘由段＋通知事项段＋结语段

标题＝发文机关名称＋事由＋通知

通知缘由段＝背景情况句＋发布依据句＋目的句＋引出下文句

通知事项段＝事项标题＋主题句＋支撑句（对策措施）＋支撑句（注意事项）

　　结语段＝强调要求句

AI 输出：

【标题】

××县林业局关于加强秋冬季森林防火工作的紧急通知

【通知缘由段】

近期，我县进入秋冬季转换期，气候持续干燥，加之大风频发，森林火险等级不断攀升。据气象部门预测，未来一段时间内，我县仍将维持高火险天气，森林防火形势极为严峻。为进一步落实《中华人民共和国森林法》《森林防火条例》等相关法律法规要求，切实保护我县森林资源和人民群众生命财产安全，现就全面加强秋冬季森林防火工作进行紧急部署，务必确保各项防火措施落实到位，有效遏制森林火灾发生。

【通知事项段】

一、加强火源管理与巡查监控

（主题句）全面强化野外火源管控，是当前森林防火工作的首要任务。

-各乡镇林业站要立即组织力量，加强对重点区域、重点时段的巡查力度，特别是对林区边缘、农田交界处的烧荒行为进行严格监管，坚决制止一切非法野外用火行为。

-利用无人机、视频监控等科技手段，提升火情早期发现能力，确保火情"早发现、早报告、早处置"。

二、深化宣传教育，提高全民防火意识

（主题句）广泛开展森林防火宣传教育活动，营造全社会参与防火的良好氛围。

-通过广播、电视、网络、宣传栏等多种形式，普及森林防火知识，提高公众的防火意识，特别是加强农村地区和学校的安全教育，倡导文明祭祀、安全用火。

- 组织开展"森林防火宣传月"活动，动员全县各基层单位、志愿者参与，深入社区、学校、农村进行面对面宣传。

（略）

××县林业局

［发布日期］

注：以上内容为模拟撰写，具体部署应结合实际情况调整。

提示词中，我写了"请根据上述内容"这句话，意思是让 AI 调用第一步分析、处理信息的结果。可以看出来，AI 很好地理解了这个要求，然后结合写作公式生成了具有一定质量的通知内容。

第三步：判断、调整、修改内容

通过对内容质量的判断，可以看出 AI 的对策还不是非常具体。此外，对这类经常性、季节性工作，年年都会发通知，如果针对性不强，总是写几条雷同的措施，就没有指导意义。所以，你还需要根据当时当地的实际情况，找出工作中的薄弱环节，补充提出解决问题的新措施。

例如，你想要对宣传教育内容进行补充，让"森林防火宣传月"活动内容更加充实，可以这样继续提问。

提示词：

请你把"组织开展'森林防火宣传月'活动，动员全县各基层单位、志愿者参与，深入社区、学校、农村进行面对面宣传"扩充成一段话，不要分点列举。要求：①有具体举措和数据指标；②字数为 200 字。

AI 输出：

为积极响应秋冬季森林防火号召，××县林业局精心筹划

"森林防火宣传月"活动，旨在动员全县各基层单位与500多名经过专业培训的志愿者，深入每一个角落，包括社区、学校及广大的农村地区，开展面对面的防火知识普及。活动期间，我们将确保发放《森林防火手册》20万份，悬挂宣传横幅1000条，在地方电视台及网络平台播放定制防火教育视频，预计覆盖观众超百万人次。尤为重要的是，与教育部门携手，在全县所有学校组织"防火小卫士"教育周，直接触及10万学生，通过知识讲座、模拟演练等形式，不仅教育学生，更通过"小手拉大手"活动影响30余万家庭成员。此外，我们还将举办至少100场社区防火知识讲座及现场咨询，预计吸引超过2万人次直接参与。活动成效将通过后期的问卷调查及知识掌握度测试进行评估，目标是提升公众防火意识指数20%，确保宣传月活动取得实效，共筑森林安全防线。

这里AI给出了很多非常细化的措施和数据。你可以根据本地的实际情况，对措施进行调整，并明确数据指标，这样宣传教育部分的内容就非常充实了。其他部分，也可以照这样的方法进行补充和完善，就可以得到一份比较完善的部署工作通知了。

还需要注意的是，在这段话中，有一些过渡性的词语，如"旨在""尤为重要的是""此外"，以及"××县林业局""我们"等主语，这些不符合公文表达的特点，可以手动去掉。这是需要你来判断并进行修改的地方。

按照上面三步走，其他类型的部署工作通知，你也一定可以举一反三了。

（二）贯彻指示通知

贯彻指示通知主要用在贯彻上级会议精神、落实上级通知指示等情况。同时，还要把上级指示精神和本级工作的具体情况结合起来进行考虑，保证贯彻指示通知不是空对空，而是落地可行。

下面以贯彻落实上级下发文件的通知为例进行实操讲解。

先设定一个任务场景：

2024 年 1 月 24 日，国务院颁布了《煤矿安全生产条例》。你是省矿山安全监察局工作人员，需要起草一份省矿山安全监察局贯彻落实该条例精神的通知。

首先，用 AI 辅助进行构思。《煤矿安全生产条例》篇幅比较长，有 1.2 万字，要贯彻落实文件精神先要提炼出"文件需要落实的重点及对策"，这是需要分析的工作问题。这里可以用 Kimi 智能助手这个 AI 工具。

第一步：分析、处理工作问题

打开 Kimi 智能助手，将《煤矿安全生产条例》上传，让 AI 对文件内容进行整理分析。

AI 输出：

> 这份文件是《煤矿安全生产条例》，其核心内容包括以下几个方面：
>
> 1. 总则：强调了加强煤矿安全生产工作的重要性，确立了安全生产的基本原则和方针，明确了各级政府和相关部门的职责。
>
> 2. 煤矿企业的安全生产责任：规定了煤矿企业在安全生产方面的主体责任，包括建立健全安全生产责任制度、加强安全生产管理、提高安全生产水平等。
>
> （略）

Kimi 智能助手很快就读取完毕，进行了初步分析。基于这个分析，我们可以让 AI 继续提出落实文件的对策措施。

在一份贯彻指示通知中，落实文件的对策措施主要包括对文件意义价值的认识、学习举措、落实举措、监督检查举措和宣贯落实举措 5 个方面。我们可以继续向 Kimi 智能助手提出如下问题。

提问1：请分析这部法规的意义价值。

AI 输出：

　　《煤矿安全生产条例》的意义和价值主要体现在以下几个方面：

　　1. 强化安全生产意识：条例明确了安全生产的重要性，强调了"以人为本"的原则，将保护人民生命安全放在首位，有助于提高全社会对安全生产的重视。

　　2. 明确责任主体：条例规定了煤矿企业、政府及其相关部门在安全生产中的职责和责任，有助于形成齐抓共管的安全生产责任体系。

　　（略）

提问2：煤矿安全监管部门、煤炭行业管理部门、煤炭行业企业学习这份文件可以采取哪些措施，保证学习效果？

AI 输出：

　　（略）

提问3：煤炭行业企业落实这份文件可以采取哪些措施，保证落实效果？

AI 输出：

　　（略）

提问4：对于督导落实好这份文件，煤矿安全监管监察部门要采取哪些监管检查措施？

AI 输出：

　　（略）

提问5：煤矿安全监管部门抓好文件的宣传落实可以采取哪些措施？

AI 输出：

（略）

通过一系列提问，可以得到很多具体的落实文件的对策建议，为你写好这份通知提供了素材基础。

第二步：套用公式生成内容

接下来，进入 AI 辅助内容生成部分。根据贯彻指示通知的一般写法，我提炼出了相关写作公式。在生成通知正文内容的时候，选用的 AI 工具是通义千问。

贯彻指示通知写作公式：

贯彻指示通知篇章＝标题＋通知缘由段＋通知事项段（重要意义）＋通知事项段（学习要求）＋通知事项段（落实要求）＋通知事项段（监督检查）＋通知事项段（宣贯落实）

标题＝发文机关名称＋关于贯彻落实《××》＋通知

通知缘由段＝文件发布情况句＋文件意义句＋目的句＋引出下文句

通知事项段（重要意义）＝事项标题＋主题句＋支撑句（文件意义）＋支撑句（要求）

通知事项段（学习要求）＝事项标题＋支撑句（学习举措）

通知事项段（落实要求）＝事项标题＋支撑句（落实措施）

通知事项段（监督检查）＝事项标题＋支撑句（监督检查措施）

通知事项段（宣贯落实）＝事项标题＋支撑句（宣传落实措施）

下面把公式带入提示词。

【贯彻指示通知】提示词：

你是省矿山安全监察局的工作人员，对煤矿安全工作非常熟悉，擅长撰写相关公文材料。现接到国务院颁布的《煤矿安全生产条例》，根据要求要起草一份面向下级煤矿安全监管部门、煤炭行业管理部门、煤炭行业企业的通知，目的是抓好《煤矿安全生产条例》的贯彻落实。请你根据【贯彻指示通知写作公式】撰写一份通知用于该条例指示精神的贯彻落实。行文运用指示性语气，正规严肃，字数为2000字。

#贯彻指示通知写作公式

贯彻指示通知篇章＝标题＋通知缘由段＋通知事项段（重要意义）＋通知事项段（学习要求）＋通知事项段（落实要求）＋通知事项段（监督检查）＋通知事项段（宣贯落实）

标题＝发文机关名称＋关于贯彻落实《××》＋通知

通知缘由段＝文件发布情况句＋文件意义句＋目的句＋引出下文句

通知事项段（重要意义）＝事项标题＋主题句＋支撑句（文件意义）＋支撑句（要求）

通知事项段（学习要求）＝事项标题＋支撑句（学习举措）

通知事项段（落实要求）＝事项标题＋支撑句（落实措施）

通知事项段（监督检查）＝事项标题＋支撑句（监督检查措施）

通知事项段（宣贯落实）＝事项标题＋支撑句（宣传落实措施）

AI 输出：

省矿山安全监察局关于贯彻落实《煤矿安全生产条例》的通知

各市、县（区）煤矿安全监管部门、煤炭行业管理部门，各煤炭行业企业：

通知缘由段：

近日，国务院颁布了《煤矿安全生产条例》（以下简称《条例》），这是我国煤矿安全生产领域的一项重大法规性文件，对于进一步规范煤矿安全生产管理，预防和减少煤矿生产安全事故，保障从业人员的生命安全和身体健康，促进煤炭行业高质量发展具有极其重要的意义。为确保《条例》各项规定在我省煤矿领域得到全面、准确、深入的贯彻执行，现就有关事项通知如下：

通知事项段（重要意义）：

一、充分认识《条例》实施的重要意义

《条例》的出台，标志着我国煤矿安全生产法制化建设迈上新台阶，为煤矿安全生产工作提供了坚实的法律基础。各级煤矿安全监管部门、煤炭行业管理部门及各企业必须深刻理解《条例》出台的时代背景和战略意图，认识到其在构建煤矿安全生产长效机制、提升行业整体安全水平中的核心作用，把学习贯彻《条例》作为当前乃至今后一段时期内的重要任务，切实增强责任感和紧迫感。

通知事项段（学习要求）：

二、广泛开展《条例》的学习宣传活动

1. 各级监管部门和煤炭行业管理部门应立即组织专题学习会议，邀请专家解读《条例》内容，确保监管人员准确把握《条例》的精神实质。

（略）

省矿山安全监察局

20××年××月××日

这样生成的内容，已经初步具备了一份贯彻指示通知的内容。但是在具体内容方面，会显得有些空泛，有些不具备时效性的内容需要进行调整、修改。

第三步：判断、调整、修改内容

这时，我们就可以拿第二步用Kimi智能助手分析得出的结论充、实完善通知内容。请注意，为了内容输出的精准，这里要逐个部分进行修改。

以通知事项段（重要意义）为例，来演示一下如何进行内容的充实、完善。还是在通义千问刚才生成通知内容的对话框，输入如下提示词。

【完善重要意义段】提示词：

> 很好，接下来让我们逐个部分修改这份通知。首先，请你补充、完善第一点"一、充分认识《条例》实施的重要意义"。请你对我提供的【意义价值】从意义层面进行抽象提炼，并将提炼出的要点充实、完善到第一点中，不要罗列要点，按照【通知事项段（重要意义）写作公式】撰写，保持标题不变，行文风格简洁，让文件内容充实饱满，字数为400字。
>
> #意义价值
>
> 《煤矿安全生产条例》的意义和价值主要体现在以下几个方面。
>
> 1. 强化安全生产意识：条例明确了安全生产的重要性，强调了"以人为本"的原则，将保护人民生命安全放在首位，有助于提高全社会对安全生产的重视。
>
> （略）
>
> #通知事项段（重要意义）写作公式
>
> 通知事项段（重要意义）＝事项标题＋主题句＋支撑句（文件意义）＋支撑句（要求）

AI 输出：

> 通知事项段（重要意义）：
>
> 一、充分认识《条例》实施的重要意义
>
> 《煤矿安全生产条例》的出台，标志着我国煤矿安全生产管理迈入法制化、规范化的新阶段，对提升煤炭产业的安全水平、促进社会经济和谐发展具有里程碑式的意义。该条例坚持以人为本的核心理念，不仅强化了全社会对安全生产的高度重视，还通过构建多层级、全方位的安全责任体系，确保每一份责任都有所归属、有所担当。它以翔实的规定为煤矿企业的安全生产实践提供了清晰的操作蓝本。同时，通过强化监管效能与机制创新，大

大提升了安全监管的精准度和效率。《条例》前瞻性地建立了风险预防和隐患治理机制，为有效遏制煤矿安全事故构筑了坚强防线，并以严格的法律责任为后盾，确保规定得以严格执行。此外，它积极鼓励技术创新与应用，为煤矿智能化开采铺设道路，保障从业人员的权益，紧跟时代步伐，引领煤炭行业向更加绿色、健康的方向持续迈进。因此，各级监管部门、行业企业和所有从业人员必须深刻领会《条例》的战略意图与实践导向，将其转化为具体行动指南，确保煤矿安全生产步入新纪元。

（略）

这里的意义价值，我是直接从 Kimi 智能助手的对话中复制过来的。在实际写作过程中，还需要写作者结合专业知识，对其进行调整。可以看到，AI 很好地理解了我的意思，并补充、完善了意义部分的内容。

其他部分的内容，照此操作进行充实、完善即可。对 AI 生成的内容，还需要结合公文表达特点和工作实际情况，进行适当的语句调整删减，以符合公文语言表达的要求。

通过以上内容，你可能发现，原来写个通知也有这么多技巧。尤其是指示性通知，涉及对工作的深入分析，需要写作者对工作有深度认知，才能与AI 协同完成写作任务。在指示性通知的讲解中，我用更加简洁的三步走对写作过程进行分析讲解。

第一步，分析、处理工作问题。

第二步，套用公式生成内容。

第三步，判断、调整、修改内容。

其底层逻辑还是 AI 辅助公文写作七步法，只是更方便你记忆和操作了。

最后，总结一下写好指示性通知的关键点：一是要找准工作重点；二是要结合单位实际；三是要措施务实落地。这些和实际工作都紧密联系，所以务必记住，所有优质公文材料的背后都是对工作的深度认知。

第二节 如何用 AI 辅助写通报

这节来学习如何用 AI 辅助写出措辞有分寸的通报。提醒一下，初阶文种 AI 的运用相对比较简单，所以即便你没有公文写作基础，经验比较少，也可以学习。

通报是政府和企事业单位工作中经常用到的一种公文，用来表彰先进、批评错误、传达重要精神和告知重要情况。所以，通报一般可以分为奖惩通报和情况通报两种。

在写通报之前，首先要搞清楚相关事实的基本情况。无论是表彰还是批评，或者是通报情况，都要充分了解事实，否则可能出现事实不清、评价不当、要求不准的情况。

一、奖惩通报：案例典型、立场鲜明

（一）表彰通报

在写表彰通报前，需要注意两点：一是确保表彰对象的典型性，经得起检验。写之前，要对表彰的典型单位和个人进行遴选和公示；二是确保评价内容的准确性，对表彰对象的评价内容需要字斟句酌。如果表彰的单位或人员较多，正文中只点一个领头单位或人员，其余单位和人员在附件中进行说明即可。接下来就进入实操讲解环节，你可以打开电脑对照着进行操作练习。这里我用的生成内容的 AI 工具是通义千问，你也可以使用其他 AI 工具。

先设定一个任务场景：

你是市政府办公室工作人员，近期根据工作安排要对本市"十四五"以来的节能工作先进单位和个人进行表彰，领导让你起草一份表彰通报。

第一步：套用公式生成内容

我提炼了表彰通报的写作公式，你可以直接套用放到提示词中，先让

AI 生成一份相对比较通用的初稿，然后再进行修改。

表彰通报写作公式：

表彰通报篇章＝标题＋帽段（概述事实）＋表彰决定段＋希望号召段

标题＝发文机关名称＋事由＋通报

概述事迹段＝思路理念句＋事迹评述句

表彰决定段＝表彰目的句＋表彰决定句

希望号召段＝希望句（对受表彰者）＋号召句（对相关人员）

【表彰通报】提示词：

> 你是市政府办公室主任，拥有丰富的公文写作经验。现在需要你按照【表彰通报写作公式】撰写一份表彰通报，表彰一批本市"十四五"以来的节能先进集体和个人。要求：①表彰决定列举领头单位和人员及获奖单位数量，其余单位和人员以附件形式呈现；②语言简练、客观表达、积极正向、格式完整；③字数为600字。
>
> ＃表彰通报写作公式
>
> 表彰通报篇章＝标题＋帽段（概述事迹）＋表彰决定段＋希望号召段
>
> 标题＝发文机关名称＋事由＋通报
>
> 帽段（概述事迹）＝思路理念句＋事迹评述句
>
> 表彰决定段＝表彰目的句＋表彰决定句
>
> 希望号召段＝希望句（对受表彰者）＋号召句（对相关人员）

AI 输出：

> ××市人民政府关于表彰"十四五"以来节能先进集体和个人的通报
>
> 一、帽段（概述事迹）
>
> 为深入贯彻绿色发展理念，落实国家节能减排战略部署，我市各机关团体、企事业单位及广大干部职工积极响应、主

动作为，在能源节约与利用效率提升方面取得了显著成效。经过严格评选，涌现出一批节能降耗成绩突出的先进集体和个人。

　　二、表彰决定段

（略）

××市人民政府

2024年×月×日

　　这里的"一、帽段（概述事迹）""二、表彰决定段""三、希望号召段"可以直接去掉。由于AI生成内容具有随机变化的特性，可以多生成几次，选择最符合公文语境的一版进行修改。这样生成的内容，基本有了通报的框架。如果要符合本地需要，还要做一些修改。

　　重点是对帽段中的思路理念句、事迹评述句和最后一段的号召句，结合当前的形势和本地的实际情况进行修改。

第二步：判断、调整、修改内容

在思路理念句和号召句中，可以要求AI提供最新的上级精神。

提示词：

> 　　请在帽段提到生态文明建设的理念要求，并在希望号召段加入"推进碳达峰碳中和"目标，保持其他内容不变。

AI输出：

> （略）

　　这样提示之后，AI输出的结果会更加贴近当前形势。你还可以再加入本省、市领导提出的相关目标、要求和口号。

　　对于事迹评述句，要高度概括、体现工作思路，而AI的事迹评述句缺少工作思路性内容，可以让AI结合事迹评述句内容模块进行修改。

提示词：

> 请套用下面的事迹评述句模块，对"我市各机关团体、企事业单位及广大干部职工积极响应、主动作为，在能源节约与利用效率提升方面取得了显著成效"进行调整修改。
>
> #事迹评述句模块
>
> 全市各地、各部门深入学习贯彻……，全面落实……方针，坚定不移地走……道路，把……作为推进……的重要措施抓牢抓实，为促进……提供了有力支撑。

AI 输出：

> 全市各地、各部门深入学习贯彻习近平生态文明思想，全面落实绿色低碳发展方针，坚定不移地走生态文明建设道路，把节能减排作为推进碳达峰碳中和的重要措施抓牢抓实，为促进经济社会高质量发展提供了有力支撑。

注意，全文还有一些细节性的表达问题，如通报里不会出现"他们"这样的人称代词，手动去掉即可。AI有时候还会在表彰决定中写"授予……荣誉称号"，一般用"授予……称号"即可。

当然，这些细节方面的修改，需要写作者有对公文材料表达语言的判断力，知道通报的语言特点，多查阅、分析一些规范的通报就能掌握。举一反三，你要表彰别的工作，只需要把提示词中表彰的对象、表彰的具体内容和要求进行替换即可。

（二）批评通报

批评通报的写作方法与表彰通报基本一致。

先设定一个任务场景：

你是高校教务处工作人员，在教学秩序检查中，发现××学院讲师李某无故缺课，根据领导指示，要面向全校各单位撰写一份通报，对李某的问题进行严肃批评，并做出相应处理。

第一步：套用公式生成内容

把我提炼的批评通报写作公式放入提示词，就可以生成一份通报初稿。

批评通报写作公式：

批评通报篇章＝标题＋错误事实段＋错误原因段＋处理决定段＋有关要求段

标题＝发文机关名称＋事由＋通报

错误事实段＝错误描述句＋影响评价句

错误原因段＝原因分析句

处理决定段＝处理依据句＋处理决定句

有关要求段＝具体要求句＋面上要求句

【批评通报】提示词：

你是高校教务处工作人员，对公文写作有丰富工作经验，熟悉教学管理工作规范。近期××学院讲师李某因个人事假出现误课教学事故，请你以学校教务处名义，面向全校各学院撰写一份通报。请你按照【批评通报写作公式】进行撰写。要求：错误事实清晰、原因分析准确、处理决定表达准确、提出要求严肃，使用指挥性语言，字数为800字。

＃批评通报写作公式

批评通报篇章＝标题＋错误事实段＋错误原因段＋处理决定段＋有关要求段

标题＝发文机关名称＋事由＋通报

错误事实段＝错误描述句＋影响评价句

错误原因段＝原因分析句

处理决定段＝处理依据句＋处理决定句

有关要求段＝具体要求句＋面上要求句

AI 输出：

> ××大学教务处关于××学院讲师李某误课教学事故的通报
>
> 错误事实段：
>
> 近日，我校××学院讲师李某因个人事假未及时安排课程替代教师，导致其负责的《××学》课程在 7 月 31 日（星期二）下午第二节出现无人授课的情况，造成该班全体学生无法正常学习，严重影响了教学秩序和教学质量。
>
> 错误原因段：
>
> 经调查核实，李某未按学校规定提前向学院提交书面请假申请并确保课程得到妥善安排，且未通过其他有效方式告知学生或同事其请假事宜，这是导致此次教学事故发生的主要原因。此外，李某对于学校教学管理规章制度的学习不够深入、责任心不强，也是造成此次事故的重要因素。
>
> 处理决定段：
>
> 根据《××大学教职工考勤管理办法》和《××大学教学事故处理办法》的相关规定，结合李某的违规行为及其造成的不良影响，经研究决定：
>
> 对李某予以警告处分，并责令其立即整改；
>
> （略）
>
> 特此通报。
>
> ××大学教务处
>
> 2024 年 × 月 × 日

AI 很快就生成了一份框架完整、内容要点齐全的批评通报。你只需要把"错误事实段："“错误原因段："“处理决定段："这些写作公式用于标识内容要求的词删掉，把内容连贯起来，就成为一篇完整的批评通报了。

批评通报的重点在于分析问题的性质与危害、影响及教训，意在告诫，做到批评一个、警示一批、教育一片。告诫性语句要有针对性、震慑力。可以看到，AI生成的通报对错误事实分析比较清楚，原因有思想层面的，也有个人层面的，处理决定非常具体，提出的要求也层次清晰，遣词造句符合批评通报的基本规范。

第二步：判断、调整、修改内容

特别要注意的是，批评通报的处理决定，一定要依法依规，不能直接使用AI生成的内容。你需要仔细查阅单位的具体规定和要求，对AI输出文本中关于处理决定的规定依据内容进行修改。

二、情况通报：客观表达、有理有据

第二类通报是情况通报，主要用于将相关重要精神或重要情况告知有关方面。重要精神的情况通报一般为党内文件，这里不做讲解，重点讲解针对工作中重要情况的通报。

相对奖惩通报来说，情况通报的写作难度较大。因为这个文种的综合性强，如要分析情况特点与趋势、性质与态势，重在对工作的指导性，要从工作情况分析中，得出下一步的工作要求，提出问题和改进工作的意见及建议。

先设定一个任务场景：

最近市安全生产委员会对所属区（县）开展了督查检查，重点督导各级各部门各类企业落实中央关于安全生产工作重要指示精神和近期全国、全省、全市安全生产视频会议精神，对各类安全风险隐患进行了全面排查。领导安排你写一份情况通报，要求总结到位、有结论。

第一步：套用公式生成内容

我提炼了一份关于情况通报的写作公式，放入提示词，就可以让AI先生成一份通报初稿。

情况通报写作公式：

情况通报篇章＝标题＋通报缘由段＋总体情况部分（好的方面）＋存在

的问题部分＋下一步工作要求部分

标题＝发文机关名称＋事由＋通报

通报缘由段＝工作目的句＋工作概述句＋过渡句

总体情况部分＝情况段1＋情况段2＋情况段3＋……

情况段＝情况总结标题＋支撑句（宏观做法）＋支撑句（正面典型单位）

存在的问题部分＝小帽段＋问题段1＋问题段2＋问题段3＋……

小帽段＝总体问题分析句

问题段＝问题总结标题＋支撑句（问题表现）＋支撑句（若干负面典型单位）

下一步工作要求部分＝小帽段＋工作要求段1＋工作要求段2＋工作要求段3＋……

小帽段＝形势句＋总体要求句

工作要求段＝要求标题＋措施支撑句（若干）

【情况通报】提示词：

> 你是市安全生产委员会办公室主任，熟悉安全生产工作，擅长公文写作。近期市安全生产委员会组织工作专班对所属区（县）开展了督查检查，重点督导各级各部门各类企业落实中央关于安全生产工作重要指示精神和近期全国、全省、全市安全生产视频会议精神，全面排查整治各类安全风险隐患。请你按照【情况通报写作公式】撰写一份安全生产督查检查情况通报，字数为1500字。
>
> #情况通报写作公式
> 情况通报篇章＝标题＋通报缘由段＋总体情况部分（好的方面）＋存在的问题部分＋下一步工作要求部分
> 标题＝发文机关名称＋事由＋通报
> 通报缘由段＝工作目的句＋工作概述句＋过渡句
> 总体情况部分＝情况段1＋情况段2＋情况段3＋……
> 情况段＝情况总结标题＋支撑句（宏观做法）＋支撑句（正面

典型单位）

存在的问题部分＝小帽段＋问题段1+问题段2+问题段3+……

小帽段＝总体问题分析句

问题段＝问题总结标题＋支撑句（问题表现）＋支撑句（若干负面典型单位）

下一步工作要求部分＝小帽段＋工作要求段1+工作要求段2+工作要求段3+……

小帽段＝形势句＋总体要求句

工作要求段＝要求标题＋措施支撑句（若干）

AI 输出：

市安全生产委员会关于近期安全生产督查检查情况的通报

通报缘由段

为深入贯彻中央关于安全生产工作的指示精神，以及近期全国、全省、全市安全生产视频会议的重要部署，市安全生产委员会组织工作专班于2024年7月15日至7月31日，对全市各区域及相关部门、企业进行了安全生产专项督查检查。本次行动旨在全面排查和整治各类安全隐患，确保我市安全生产形势持续稳定向好。

总体情况部分

情况段1

情况总结标题：各地高度重视，迅速响应

支撑句：从督查情况来看，绝大多数区县能够积极响应上级号召，及时召开专题会议传达学习相关文件精神，并结合实际制定具体实施方案。

支撑句：如××区在接到通知后立即成立了由区委书记任组长的工作领导小组，确保各项工作有序开展。

（略）

以上通报，请各地、各部门认真对照自查，针对存在的问题及时整改，确保我市安全生产形势稳定可控。市安全生产委员会将继续加大监督检查力度，对整改不力的单位和个人依法依规予以处理。

市安全生产委员会

2024 年 × 月 × 日

把 AI 生成的内容中写作公式用于标识内容的词语删掉，加上段落序号，连贯起各部分内容，就可以得到一份通报的初稿。

第二步：判断、调整、修改内容

这里需要对通报的初稿进行判断，看看哪些内容需要调整。作为情况通报，需要在内容中加入检查的具体情况，如安全检查得出的调查数据、受表扬的单位名称、存在问题需要批评的单位名称等。这些 AI 做不了，需要你结合实际工作进行填充。

同时，对于不符合需要的内容进行调整和细化。例如，AI 生成的第二部分和第三部分的帽段比较简单，你希望能够写出一定的深度，第二部分要对存在的问题进行规律性概括，第三部分要对下一步工作的总体思路进行阐述。

这里可以用"内容模块"让 AI 输出质量更高的小帽段。在同一对话框，输入如下提示词。

提示词：

对于第二部分"存在的问题部分"的小帽段进行修改，套用下面的【问题段模块】，字数为 200 字，仅输出本小帽段。

问题段模块

总的来看，在学习贯彻……精神上，……部门仍然存在……等倾向，未能结合……特点，采取……措施，……未及时上报，……未实现闭环清零，排查整改"最后一公里"落实不到位。……履行……主体责任，单位主要负责人在履行第一责任人的职责上存在差距，在……等方面存在短板。

AI 输出：

总的来看，在学习贯彻中央关于安全生产工作的重要指示精神上，个别部门仍然存在认识不足、行动迟缓等倾向，未能结合本地区、本行业的特点，采取有针对性的有效措施，部分隐患问题未及时上报，隐患排查整改工作未实现闭环清零，排查整改"最后一公里"落实不到位。一些单位在履行安全生产主体责任，单位主要负责人在履行第一责任人职责上存在差距，在隐患排查、安全教育等方面存在短板。

提示词：

对于第三部分"下一步工作要求"的小帽段进行修改，套用下面的【工作思路段模块】，字数为 200 字，仅输出本小帽段。

#工作思路段模块

……要树牢……理念，督促……持续加大……，强化……，不断完善……，压紧压实……主体责任，加快推进……，全力保障……形势持续稳定。

AI 输出：

各级部门要树牢安全发展理念，督促各级各部门持续加大安全生产监管力度，强化风险防控机制，不断完善安全生产治理体系，压紧压实企业安全生产主体责任，加快推进隐患排查治理，全力保障我市安全生产形势持续稳定。

通过套用模块，这两个部分段的小帽段的质量就可以了，你稍加修改就能用。可能你会问，这些经典的内容模块从哪里找啊？这就要靠平时在阅读文件时多多积累，看到写得比较好的段落，把其中的模块提炼出来备用，重点是对帽段、工作思路、指导思想、结尾段等体现思想思路的内容进行模块提炼。等到需要修改 AI 内容的时候，就有大用处了。

最后再强调一下，通报作为基于事实的公文，在 AI 生成内容初稿后，你一定要根据发生的实际情况进行修改、完善，才能确保通报事实无误。

总结一下写好通报的关键点：一是事实情况要清楚；二是表彰批评要到位；三是语言表达要明确。把握好这三个点，加上 AI 的助力，快速写好通报就不成问题了。

第三节　如何用 AI 辅助写消息

这节学习如何用 AI 辅助写出切入点新颖的消息。消息是新闻报道中比较常见，也比较简单的一种形式，目的是快速报道最近发生的事件。消息的篇幅不长，一事一报，1000 字左右。严格来说，消息不算是公文，但它是政府和企事业单位宣传工作中常用的一种文体，所以本书也对其进行介绍。

根据实践经验，可以把消息分为内部平台发布的消息和外宣平台发布的消息。不同平台发布的消息写作形式和难易程度有所不同，前者简单、好写，后者复杂、写起来有一定的难度。下面分别介绍在写作这两类消息时怎么用 AI 来辅助提效。

一、内部平台发布的消息：简单直白讲要点

常见的内部平台有单位内部网站、公众号等，发布的消息最常见的有两类：会议消息和活动消息。

因为内部平台不是媒体，并不要求消息的新闻性，而是比较重视要素是否齐全。一般来说，交代清楚 5W1H 的信息要点就可以了。5W1H 是指何时（When）、何地（Where）、何人（Who）、何事（What）、何故（Why）、如何（How）。

（一）会议消息

先设定一个任务场景：

你是公司办公室的工作人员，今天单位刚刚开完年度重点项目推进会，主任让你写一篇会议消息，发布在单位内网上。

这类会议消息比较简单，把基本的会议信息和我提炼的会议消息写作公式，放进给AI的提示词里就可以了。

会议消息写作公式：

会议消息篇章＝标题＋导语＋正文段（会议背景＋议程概述）＋正文段（领导讲话要点）＋正文段（代表发言要点）＋正文段（会议决议要点）＋正文段（会议意义）

标题＝主标题（会议主题）＋副标题（会议名称）

导语＝会议基本信息句＋会议目的句＋主要参会领导

【会议消息】提示词：

你是一名企业资深新闻干事，熟悉新闻写作要求。请你根据【会议基本信息】，按照【会议消息写作公式】撰写一篇会议消息，字数为500字。

#会议基本信息

会议名称：××公司重点项目推进会

会议主题：聚焦新质生产力　激活发展新动能

会议时间：××月××日

参会人员：××董事长、××总经理、各分公司主要负责人、各部门经理

会议议程：①各分公司负责人、部分部门经理汇报今年重点项目谋划和进展情况；②××董事长讲话；③××总经理主持会议并讲话

××董事长讲话要点：围绕"新质生产力"抓好重点项目建设强调三点：一是统一思想、凝聚共识，明确为什么树立"新质生产力建设"导向；二是突出重点、精准发力，明确"新质生产力建设"抓什么；三是强化保障、求实求效，明确"新质生产力建设"怎么抓。

××总经理就贯彻落实会议精神提出三点要求：一要增强发展的危机意识；二要提高破解发展难题的本领；三要弘扬真抓实干的作风。

　　#会议消息写作公式

　　会议消息篇章＝标题＋导语＋正文段（会议背景＋议程概述）＋正文段（领导讲话要点）＋正文段（会议意义）

　　标题＝主标题（会议主题）＋副标题（会议名称）

　　导语＝会议基本信息句＋会议目的句＋主要参会领导

AI 输出：

　　聚焦新质生产力　激活发展新动能——××公司重点项目推进会

　　【导语】

　　××公司于××月××日召开重点项目推进会，旨在进一步聚焦新质生产力，激活企业发展新动能。本次会议由××董事长及××总经理出席，各分公司主要负责人与各部门经理共同参与。

　　【正文段】

　　为深入贯彻高质量发展战略，××公司组织召开了此次重点项目推进会，会议旨在明确"新质生产力建设"的重要性，并部署下一步工作重点。会上，各分公司负责人及部分部门经理先后汇报了今年重点项目的谋划与进展情况，分享了各自在推进过程中的经验和遇到的问题。

　　【正文段】

　　××董事长在讲话中指出，面对当前复杂的经济形势和激烈的市场竞争环境，公司上下必须统一思想、凝聚共识，深刻理解树立"新质生产力建设"导向的重要性。他强调，要突出重点、精准发力，明确"新质生产力建设"应聚焦的关键领域，并强化保障措施，确保各项工作求实求效。

　　（略）

前面总结的会议消息写作公式，你可以根据会议的具体情况对其进行增减。例如，重要会议可以用主副双标题形式，简单会议用会议名称这种单标题形式即可。

再如，正文段的代表发言、会议决议等内容，适用于层次比较高、比较重要的会议，如党员代表大会、职工代表大会。但在刚才的项目推进会中，这些内容就没有了。

另外，会议消息写作的完整提示词，你可以直接复制使用，只需要把会议基本信息填充完整即可。例如，董事长讲话中的内容只有框架，在实际写作中还可以补充更多的内容细节。

（二）活动消息

活动消息常见的有单位内部的培训、检查评比、参观调研、文体比赛等。

先设定一个任务场景：

刚刚写完会议消息的你，又接到副主任的电话，让你为昨天结束的行政人员公文写作培训活动写一篇消息稿，发布在单位内网上。

与会议消息类似，把基本的活动信息和活动消息写作公式一起放入提示词，AI可以快速输出一篇消息初稿。

活动消息写作公式：

活动消息篇章＝标题＋导语＋正文段（活动目标）＋正文段（活动内容）＋正文段（活动过程概述）＋正文段（活动意义）

标题＝活动名称＋顺利举办/成功举行/圆满开幕

导语＝活动目标句＋活动基本信息句＋参加单位（人员）

【活动消息】提示词：

> 你是一名企业资深新闻干事，熟悉新闻写作要求。请你根据【活动基本信息】，按照【活动消息写作公式】撰写一篇活动消息，字数为500字。
>
> #活动基本信息
>
> 活动名称：公司行政人员公文写作培训
>
> 活动主题：锤炼写作能力 提升行政水平

活动时间：××月××日—××日

参加人员：公司各部门、各分公司行政文秘岗工作人员，共60人

活动安排：①公文写作资深讲师授课；②公文基本知识及写作能力考核

讲师授课内容：①企业公文基础知识；②AI公文写作提效

#活动消息写作公式

活动消息篇章＝标题＋导语＋正文段（活动目标）＋正文段（活动内容）＋正文段（活动过程概述）＋正文段（活动意义）

标题＝活动名称＋顺利举办

导语＝活动目标句＋活动基本信息句＋参加单位（人员）

AI输出：

根据您提供的信息和写作公式，以下是撰写好的活动消息：

公司行政人员公文写作培训顺利举办

为提升公司行政人员的公文写作能力和专业水平，公司于××月××日至××日成功举办了"公司行政人员公文写作培训"活动。本次培训面向公司各部门以及各分公司的行政文秘岗位工作人员，共计60人参加了此次培训。

活动目标

此次培训旨在通过专业的指导和实践训练，帮助行政人员锤炼写作技巧，提高公文处理效率，从而更好地服务于公司日常管理和决策支持工作。

活动内容

培训特别邀请了公文写作领域的资深讲师进行授课。讲师围绕"企业公文基础知识"和"AI公文写作提效"两大主题进行了深入浅出的讲解，并结合实际案例分析，让参训人员能够快速掌握公文写作的核心要点。

（略）

根据活动的内容不同，只需要把活动基本信息进行替换，就能很快生成不同活动内容的消息。

二、外宣平台发布的消息：选准切口吸引人

外宣平台发布的消息是这节要讲解的重点。这里说的外宣平台，是指不属于单位的官方媒体，如各地的日报、晚报，及其所属的新媒体。

与在内部平台发布的消息最大的不同是，用于外宣的消息，讲究新闻性，需要在较短的篇幅内挖掘出新闻点，对新闻事实报道的切入点要新颖。外宣类消息可以分动态消息和典型消息两类。

（一）动态消息

动态消息要迅速、及时地报道单位建设中的好人好事，展现新气象、新成就、新经验。动态消息中，有不少是简讯，一事一讯，几行文字即成一篇，发表在报纸上，俗称"豆腐块"。这类消息不长，最重要的是要有亮点信息。

先设定一个任务场景：

你是办公室工作人员，在公司办公会上听科技分公司汇报时，了解到分公司最近打造了一个在工业领域十分有应用前景的工业设备运行状态管理大模型，而且是国内首个。你的新闻细胞顿时被激活了，这不是一条非常好的消息吗！

第一步：分析、处理工作问题

我总结了动态消息找亮点的两字诀："最"和"首"。"最"指的是量的极致，可以是最大、最高、最优等。"首"指的是速度的极致，也就是抢占了第一，可以是首位、首个、首次、首批等。

一旦单位里发现占了这两个字的人与事，绝对是对外投稿动态消息的好素材。刚才任务场景中提到的大模型，符合"首"字。这篇动态消息围绕这个"首"字做文章就可以了。

第二步：套用公式生成内容

会后，你抓紧时间了解到大模型的具体情况，接下来就可以结合动态消

息写作公式和提示词进行写作了。

动态消息写作公式：

动态消息篇章＝标题（动态亮点）＋导语（核心信息）＋正文段（重要细节）＋正文段（背景信息）

【动态消息】提示词：

你是一名企业资深新闻干事，熟悉新闻写作要求。请你根据【动态消息基本信息】，按照【动态消息写作公式】，模仿【动态消息示例】撰写一篇动态消息。要求语言表达客观、简洁，字数为500字。

#动态消息基本信息

动态亮点：××公司打造国内首个工业设备运行状态管理大模型

核心信息：①该模型能够全面覆盖冶金、钢铁、化工、电力等行业专用和通用设备；②该模型数据处理和文本理解能力行业领先。

重要细节：模型功能包括通过综合智能知识库为用户企业提供运维指导，通过应用管理平台助力企业实现设备智能化维修管理。

#动态消息写作公式

动态消息篇章＝标题（动态亮点）＋导语（核心信息）＋正文段（重要细节）＋正文段（背景信息）

#动态消息示例

标题：全国首个批量化大容量海上风电机组项目开工

日前，福建漳浦六鳌海上风电场二期项目开工建设。这是全国首个批量化采用16兆瓦及以上大容量海上风电机组的项目。

风电场位于漳浦县东南侧海域，中心距离海岸线32.8公里，场址面积约22.9平方公里，总装机容量达400兆瓦。

三峡集团漳浦海峡公司副总经理龚匡敏说，目前，我国海上风电场通常采用单机容量为 10 兆瓦以下的机型。漳浦二期项目将首次批量化使用超大单机容量机组，风机的单机容量越大，发电效率更高，海域占用面积也会减少，开发和运维的成本也会相应降低。

项目计划于今年 8 月底完成首批机组并网发电，全部投产后年上网电量超过 16 亿千瓦时。

近年来，我国海上风电快速发展，装机规模继续保持世界第一。随着海上风电项目布局的加快和对海域环境的不断探索，海上风电产业逐渐向大功率、深远海挺进，已形成了完整的具有领先水平和全球竞争力的风电产业链和供应链。目前全球市场上60% 的风电设备都来自中国。

AI 输出：

××公司推出国内首个工业设备运行状态管理大模型

导语：

近日，××公司成功研发出国内首个工业设备运行状态管理大模型，该模型具备覆盖冶金、钢铁、化工、电力等多行业专用与通用设备的能力，并在数据处理和文本理解方面达到行业领先水平。

正文段（重要细节）：

此款大模型不仅能够提供全面的设备运行状态监测服务，还能够通过综合智能知识库为用户提供精准的运维指导。借助先进的应用管理平台，企业可以实现设备智能化维修管理，有效提升运营效率及设备维护质量。

正文段（背景信息）：

随着工业 4.0 时代的到来，制造业对于设备智能化的需求日益增长。××公司积极响应市场需求，经过长时间的技术积累与研发创新，成功推出了这款工业设备运行状态管理大模型。这一突破性成果将有助于推动我国制造业向更加智慧化、高效化的方向发展，同时也标志着××公司在工业智能化领域迈出了坚实的一步。未来，××公司将持续优化该模型的功能与性能，为企业提供更多样化的智能解决方案，助力制造业转型升级。

提示词里的动态消息示例来自《人民日报》，你希望AI参考消息样本，模仿这个写作风格进行撰写。

第三步：判断、调整、修改内容

AI生成消息初稿后，接下来要做的就是判断和修改内容。你要对照实际采访得到的信息进行修改。这里也可以先借助AI拓展内容，然后根据新闻事实进行修改。

提示词：

请你拓展下面采访得到的【事实性内容】，对该模型的特点与优势进行补充说明，添加更多技术细节，注意表达要通俗易懂，字数为150字。

#事实性内容

此款大模型不仅能够提供全面的设备运行状态监测服务，还能够通过综合智能知识库为用户提供精准的运维指导。借助先进的应用管理平台，企业可以实现设备智能化维修管理，有效提升运营效率及设备维护质量。

AI输出：

这款大型模型通过集成高度发达的人工智能技术，能全方位监控设备运行状态，并利用其内置的丰富智能知识库为用户提供精确的运维建议。它采用先进的应用管理平台，支持实时数据收集与分析，能迅速识别设备异常并预测潜在故障。此外，该模型还能自动化生成维护计划和操作指南，帮助技术人员高效解决问题，确保设备长期稳定运行，从而显著提高企业的整体运营效率和维护水平。

通过这样的补充、完善，能够凸显工作的意义和价值。你可以结合实际情况，适当选用AI生成的内容。

（二）典型消息

典型消息是对某一部门或某一单位的典型经验、成功做法的报道，用来宣传工作成效。它需要你对工作中的经验做法进行一定的提炼，找到宣传亮点。

延续之前的任务场景：

作为办公室工作人员，你要对公司研发国内首个工业设备运行状态管理大模型的工作进行宣传，写一篇典型消息，对工作进行更加细致的报道。

对于典型消息，还是分三步走。

第一步：分析、处理工作问题

AI 具有强大的分析和关联能力，你可以把工作的主要内容发给AI，让AI 分析、提炼新闻点。

提示词：

> 你是一名新华社资深记者，有着非常强的新闻敏感性，擅长撰写工业领域的新闻。你在撰写典型消息稿件时，一般会从哪些角度破题？

AI 输出：

> 作为一名资深记者，尤其是在工业领域撰写新闻稿件时，可以从以下几个角度来破题和构建报道。
>
> 1. 行业趋势
> 分析最新的行业动态和发展趋势，如技术创新、政策变化等。
> 描述这些趋势如何影响整个行业或特定企业。
>
> 2. 技术创新
> 报道新技术的研发成果及其应用前景。

探讨这些技术对生产效率、产品质量及成本控制等方面的影响。

（略）

AI会给你一些报道角度，你可以选择其中一个角度，让AI继续分析这条消息的切入点。保持在同一对话框，继续输入下面的提示词。

提示词：

你通过采访了解到，××公司通过与高校科研院所合作，打通产学研链条，研发了国内首个工业设备运行状态管理大模型，该模型具备覆盖冶金、钢铁、化工、电力等行业专用和通用设备的能力，其数据处理和文本理解能力在业内居领先地位。请你从技术创新解读的角度分析，可以从什么切入点破题进行报道，请列出5个切入点。

AI输出：

从技术创新解读的角度出发，对于××公司与高校科研院所合作研发的国内首个工业设备运行状态管理大模型，可以从以下几个切入点进行报道。

1. 技术创新点与应用价值

切入点：详细描述该大模型的技术特点和技术突破之处，比如采用了何种先进的算法或架构，解决了哪些用传统方法难以克服的问题。

（略）

2. 产学研合作模式的成功实践

切入点：分析××公司与高校科研院所之间的合作机制。

（略）

这里AI继续深入，结合具体新闻事件，给出了5个切入点。如果你觉得有希望报道的切入点，就可以直接进入下一步生成内容了。如果觉得还不够，可以让 AI 继续给出新的角度。

第二步：套用公式生成内容

当前，面对国内外市场的激烈竞争，产学研合作的创新模式非常有意义。这里，我们就选择"产学研合作模式的成功实践"这个切入点撰写消息。典型消息的写作公式与动态消息类似。

典型消息写作公式：

典型消息篇章＝标题＋导语段＋正文段（现状概述）＋背景段（新闻背景信息）＋结尾段（展望未来）

标题＝引题（次要信息）＋主题（新闻点）

导语段＝延缓式导语（现场描写）

说明：延缓式导语，就是不直接给出5W要素，而是通过现场描写方式，把读者带到消息发生地，现场感很强。

把典型消息写作公式带入提示词，继续保持在同一个对话框输入提示词。

【典型消息】提示词：

> 请围绕"产学研合作模式的成功实践"这个新闻破题角度，撰写一篇消息稿件。要求：①结合【典型消息写作公式】和【示例消息】进行构思，规划典型消息的行文基调与结构；②行文中要以"记者"的第一视角观察，要有现场感的描写语句，有采访企业用户、企业和高校科研人员、企业领导、相关政府部门官员的直接引语；③语言风格准确、简洁、鲜明、生动，以白描为主；④字数为800字。
>
> #典型消息写作公式
> 典型消息篇章＝标题＋导语段＋正文段（现状概述）＋背景段（新闻背景信息）＋结尾段（展望未来）
> 标题＝引题（次要信息）＋主题（新闻点）

导语段＝延缓式导语（现场描写）

＃示例消息

山东省日照市莒县——栽培特色花木产业做强做优

山东省日照市莒县招贤镇曲坊现代农业产业园的包装车间内，花香沁人心脾。90后工人宋时秀站在操作台前，铺好瓦楞纸，将手里的玫瑰进行裁剪、贴标签、封包装，再将这束漂亮的鲜花送上流水线。在她身后，几十名工人正在忙碌，或清除杂叶，或分拣整理，一派热火朝天的景象。很快，他们手中的鲜花就会通过冷链物流送往全国各地。

"我之前一直在外打工，后来家里人告诉我，镇上建了产业园，提供很多就业岗位。我回来在这里找到了工作，现在每个月能挣五六千元，生活也特别方便。"宋时秀说。和她一样，产业园附近有300多名村民都在园区找到了工作，实现了家门口就业增收。

招贤镇有栽培花木的传统。26年前，前仕阳村率先引进鲜花种植。2018年，莒县乡村振兴服务队把一家知名花卉企业引进招贤镇，随后本地企业山东浩宇集团对武家曲坊村进行整村开发，规划建设了曲坊现代农业产业园，发展设施农业，专门种植鲜花。

园区在多个电商平台设立旗舰店，在各地发展经销商800多家，并依托线上直播和"如意花卉"小程序，实现了订单生产、多元化销售。

为了确保鲜切花的新鲜度和运输时效，园区专门配备冷链物流车辆，与日照机场对接成立运输保障小组，量身定制物流方案，搭建了从生产端到市场端的快速通道。

目前，在园区带动下，招贤镇鲜花种植面积已有8000余亩，年产鲜切花4亿枝，销售收入3.5亿元。

为了更好地支持鲜切花产业发展，莒县将鲜切花产业作为全县的主导产业之一，探索村企共建、联村共建、村社共建发展模式，持续带动更多农民致富增收。

AI 输出：

引题：产学研合作新模式

主题：打造工业设备智能运维新高地

导语段

北京市海淀区某高校的实验室里，工程师们正紧张有序地调试着一台大型设备。这是一台用于模拟工业设备运行环境的测试平台，它的旁边摆放着一台显示屏，上面滚动显示着复杂的算法模型输出的各种参数。这里是××公司与该高校联合研发中心的所在地，也是国内首个工业设备运行状态管理大模型诞生的地方。

正文段

走进研发中心，记者看到，数十名来自企业和高校的科研人员正围绕着一台大型服务器忙碌着。他们正利用最新研发的大模型对模拟数据进行分析。"我们研发的这个大模型能够实时监测并预测设备可能出现的故障，从而帮助工业企业提前做好维护准备，减少非计划停机带来的损失。"××公司研发部经理兴奋地介绍道。

（略）

请注意，提示词中的第 2 点要求，只是让 AI 帮忙搭出文稿的结构，具体的内容，如对现场的描述，采访不同人士的话，肯定不能用 AI 虚拟的内容，你要用真实看到和采访到的信息做替换。这里我给出的示例消息还是来自《人民日报》，可以看到，AI 非常聪明地识别出，我给出的范例只是用于写作参考，并没有因为范例是关于农业的内容，导致输出的内容混乱。这里用目标媒体刊发的消息作为示例，是保证输出质量非常好的方式。

第三步：判断、调整、修改内容

AI生成的所有现场感对话，都是AI虚构的。因为AI并没有进行实际采访，所以里面的直接引语、对话，是需要你通过自己的采访了解，用实际采访获得的信息进行替换的。

AI可以改变传统的先采访再写初稿的流程，在采访前生成的初稿，可以提示你采访内容与方向，相当于你做填空题就可以了，这能够极大地减少写作时间。

最后再强调一下，消息作为对事实的报道，容不得虚构。你需要严格核实AI生成的内容，凡是与现实情况不符的，都要以你采访得来的信息为准。

总结一下写好消息的关键点：一是选准角度是前提；二是快速报道讲时效；三是核实信息不虚构。把握这三点，加上AI记者助理的帮助，无论是内宣消息还是外宣消息，保证你写起来都会非常高效。

第四节　如何用 AI 辅助写信息

这节来学习如何用AI辅助写出精炼有"干货"的信息。信息是一种党政部门向上级提报的文稿，主要用于反馈工作情况、反映经验，目的是为领导决策提供丰富的信息参考依据。

对于在企业工作的读者，信息类似于周报、月报，如何提炼出上级关心的要点，让领导一眼就能发现你的工作价值，可以参考信息的写作方法。

常用的信息有两类：动态信息和经验信息。动态信息篇幅短，一般100~300个字；经验信息篇幅略长，一般500~800个字。有的单位刊载的经验信息长达千字以上，其实已经失去了信息的本质，变成经验总结材料了。信息虽然篇幅短，写作难度看起来不大，但要想写出能够让上级满意、被上级采用的信息，还是需要下一番功夫的。

一、动态信息：单点突破显亮点

动态信息主要反映某一方面的动态和新情况，在写的时候要交代清楚时间、地点、事件、做法、成果等要素。

先设定一个任务场景：

你是 F 县政府办公室工作人员，该县草莓种植产业形成特色、畅销长三角地区，带动了全县农业产值大幅度提升。领导让你总结一下这项工作，给上级报送一份信息。

第一步：分析、处理工作问题

把这则动态信息的内容写出来并不难，难的是要提炼出一个核心要点，并且这个核心要点能够打动上级负责信息采编的工作人员，让其录用并呈报给领导。

这里就需要分析，F 县的这项工作和上级的什么精神能挂上钩，要写到领导关注的问题上，写出与最新文件同频共振的内容点。

首先你要做的是，借助 AI 分析相关的上级文件。

可能你会问，我怎么找到相关的文件是哪些呢？这就需要你在平时留心关注上级下发的相关文件，做好文件的阅读分析整理。

如果知识储备不足，你也可以找 AI 帮忙。打开通义千问，你可以输入提示词。

提示词：

> 请搜索农业农村部 2024 年发布的关于乡村振兴的文件，以有序列表列出文件名称，并概述文件内容。

AI 输出：

> 根据现有信息，以下是农业农村部在 2024 年发布的与乡村振兴相关的文件：
>
> 1. 农业农村部关于落实中共中央国务院关于学习运用"千村

示范、万村整治"工程经验有力有效推进乡村全面振兴工作部署的实施意见（2024年1月10日）

（略）

你也可以搜索一些本地文件，如你是哪个省就让 AI 搜索哪个省的文件。

在给草莓种植产业写信息的任务场景里，你可以把《农业农村部关于落实中共中央国务院关于学习运用"千村示范、万村整治"工程经验有力有效推进乡村全面振兴工作部署的实施意见》上传到通义千问，让它进行分析。

提示词：

你是省政府政策研究室专家，请你分析这份文件对农业工作提出的新政策、新要求，以有序列表形式输出。

AI 输出：

根据上传的文件《农业农村部关于落实中共中央国务院关于学习运用"千村示范、万村整治"工程经验有力有效推进乡村全面振兴工作部署的实施意见》，以下是针对农业工作提出的新政策、新要求的分析：

确保国家粮食安全

全力夺取粮食丰收，确保粮食产量保持在 1.3 万亿斤以上。

巩固大豆油料扩种成果，确保大豆种植面积稳定在 1.5 亿亩以上。

促进畜牧业稳定发展，优化调整生猪产能，推进草食畜牧业转型升级。

推进现代渔业发展，拓展渔业发展空间。

统筹抓好棉糖胶生产，提升糖料生产能力。

（略）

现在 AI 读完了文件，接着让它结合实际工作提供写作主题。

提示词：

> 我是 F 县政府办公室工作人员，正在准备写一则关于"F 县草莓种植产业形成特色、畅销长三角地区，带动了全县农业产值大幅度提升"的信息稿。请你从上面这份文件出发，给我推荐匹配的信息稿写作主题。请给出 5 个匹配主题，按匹配程度从高到低排列，并说明理由。

AI 输出：

> 根据您提供的文件内容，可以提炼出与 F 县草莓种植产业相关的几个方面，以此作为信息稿的主题。以下是按照与文件内容的匹配程度从高到低排列的五个建议主题：
>
> 1. F 县草莓种植产业助推特色农产品发展
>
> 理由：文件中提到要大力发展乡村特色产业，提升特色种养，筛选优良特色品种，并推动产业提档升级。F 县草莓产业作为特色农产品的成功案例，能够很好地体现这一政策导向。
>
> 2. F 县草莓产业推动农村一二三产业融合发展
>
> 理由：文件提到要促进农村一二三产业融合发展，打造融合载体，如农业产业强镇。F 县草莓产业可以与乡村旅游、休闲农业等相结合，促进产业间的互动与融合发展。
>
> （略）

AI 给出了 5 个主题，你可以根据自己对工作的分析，选择一个最贴近实际情况的用于下一步的信息撰写。如果觉得不够，你还可以让 AI 继续分析并给出新的主题。

这里我选择"草莓产业推动农村一二三产业融合发展"。

第二步：套用公式生成内容

主题提炼出来了，接下来进入第二步，借助 AI 来生成动态信息的初稿。

动态信息写作公式：

动态信息＝标题＋做法句＋成果句（具体数据）

标题＝地区（单位）＋主题

接下来围绕"草莓产业推动农村一二三产业融合发展"这个主题，结合本地实际工作情况，撰写提示词。

【动态信息】提示词：

> 你是省政府农业农村厅办公室主任，对农业经济发展有深刻认识，擅长提炼、分析并撰写农业方面的公文材料。F县草莓种植产业形成特色、畅销长三角地区，带动了全县农业产值大幅度提升。请你针对这项工作撰写一篇动态信息稿件，主题是"草莓产业推动农村一二三产业融合发展"。请你根据【动态信息写作公式】，参考【动态信息示例】进行撰写。要求：围绕"生产模式、产品品牌、技术合作"三个方面提炼做法，动态信息为一段话，字数为300字。
>
> ＃动态信息写作公式
>
> 动态信息＝标题＋做法句＋成果句（具体数据）
>
> 标题＝地区（单位）＋主题
>
> ＃动态信息示例
>
> ××市"增量提质"助力民营经济加速恢复。打造龙头企业储备库，引导企业加快转型升级、膨胀扩规，力争年内营收过亿元民营企业达××家；每年按不低于目标数量的××倍比例，补充"小升规"工业企业培育库，对当年新增"小升规"工业企业，财政一次性奖励资金××万元。上半年，全市新增规上民营工业企业××家，总数达××家，实现营收××亿元，同比增长××%。

说明：这里加上一则动态信息示例，可以让AI在生成内容的时候进行模仿。这则信息来自某省政府网站刊登的政务信息。

AI 输出：

> F县草莓产业推动农村一二三产业融合发展。创新实施"合作社＋基地＋农户"的生产模式，整合土地资源，规模化种植优质草莓品种，有效提高亩产效益；通过打造"F县红莓"区域公共品牌，统一包装设计与营销策略，提升市场知名度和竞争力，产品远销长三角各大城市；深化与科研院校的技术合作，引进先进栽培技术和管理经验，开展定期培训和技术指导，提升果农专业技能。今年一季度，全县草莓总产值突破1.5亿元，同比增长20%，直接或间接带动就业近5000人，为乡村振兴注入强劲动力。

第三步：判断、调整、修改内容

让 AI 辅助我们对标题进行修改，提炼出核心点放到标题中。

提示词：

> 请对标题进行修改，以融合为关键词，提炼出核心做法放到标题里。

AI 输出：

> F县"融合创新"推动草莓产业高质量发展。通过"合作社＋基地＋农户"的生产模式整合资源，规模化种植优质草莓品种，有效提高亩产效益；打造"F县红莓"区域公共品牌，统一包装设计与营销策略，提升市场知名度和竞争力，产品远销长三角各大城市；深化与科研院校的技术合作，引进先进栽培技术和管理经验，开展定期培训和技术指导，提升果农专业技能。今年一季度，全县草莓总产值突破1.5亿元，同比增长20%，直接或间接带动就业近5000人，为乡村振兴注入强劲动力。

这则信息的逻辑结构很清晰，标题是"F县'融合创新'推动草莓产业高质量发展"，支撑点有三个"通过'合作社＋基地＋农户'的生产模式整合资源""打造'F县红莓'区域公共品牌""深化与科研院校的技术合作"，整体写作逻辑和语言表达都比较通顺，符合消息写作要求。

二、经验信息：多点支撑出做法

经验信息的篇幅稍长，除了要交代工作的基本情况外，还要对工作采取的经验做法介绍得更加全面、完整。经验信息需要对工作做法进行提炼梳理，相对难度要大一些。

继续延续上面的任务场景设定：

你是F县政府办公室工作人员，之前撰写的关于F县草莓产业发展的动态信息被上级采用，并得到上级领导批示。上级要求你再详细挖掘一下这项工作的经验做法，写一篇经验信息。

第一步：分析、处理工作问题

对于这篇经验消息，可以围绕"融合创新"做文章，这也是上一篇动态信息被采用的关键。我们可以让AI对之前写的动态信息进行分析，并让AI结合融合梳理写作要点。

提示词：

> 你是省政府农业农村厅办公室主任，对农业经济发展有深刻认识，擅长提炼、分析并撰写农业方面的公文材料。请你解释一下"农村一二三产业融合发展"的内涵。

AI输出：

> 作为省政府农业农村厅办公室主任，我对"农村一二三产业融合发展"这一概念非常熟悉。这个概念是中国乡村振兴战略中的一个重要组成部分，旨在促进农村经济结构优化升级，提高农业综合效益和竞争力。

一产（农业生产）

这是最基础的产业层级，主要包括农作物种植、畜禽养殖等。在这个阶段，强调的是提升农业生产效率和产品质量，采用现代农业技术和管理方式，比如精准农业、生态农业等，确保农产品的绿色、安全、优质。

（略）

在 AI 分析的基础上，继续提问。

提示词：

你是 F 县政府办公室工作人员，现在需要对你县"融合创新"推动草莓产业高质量发展的相关工作进行总结提炼。请你根据前面对"农村一二三产业融合发展"的分析，结合【F 县草莓产业情况】，从"生产模式、品牌打造、技术合作"三个方面提炼符合"融合创新"的三条具体做法，并概括三个标题。

#F 县草莓产业情况

F 县"融合创新"推动草莓产业高质量发展。通过"合作社＋基地＋农户"的生产模式整合资源，规模化种植优质草莓品种，有效提高亩产效益；打造"F 县红莓"区域公共品牌，统一包装设计与营销策略，提升市场知名度和竞争力，产品远销长三角各大城市；深化与科研院校的技术合作，引进先进栽培技术和管理经验，开展定期培训和技术指导，提升果农专业技能。今年一季度，全县草莓总产值突破 1.5 亿元，同比增长 20%，直接或间接带动就业近 5000 人，为乡村振兴注入强劲动力。

AI 输出：

根据您提供的 F 县草莓产业情况，我们可以从"生产模式、品牌打造、技术合作"三个方面来提炼和概括具体做法，并给出相应的标题。

一、规模化生产与合作模式创新

具体做法：

通过"合作社＋基地＋农户"的生产模式，整合资源，实现规模化种植；

引导农户加入合作社，实行统一管理和技术指导，确保产品质量稳定；

发展订单农业，与大型超市、电商平台等建立长期合作关系，拓宽销售渠道。

二、品牌化营销与市场拓展

（略）

三、产学研深度融合与技术创新

（略）

根据 AI 分析的三点，让 AI 提炼出三条经验性做法，继续提问。

提示词：

请对这三点概括出同样字数的三条做法，并要包含"融"字。

AI 输出：

当然可以。以下是针对您要求的三条做法，每条都包含了"融"字，并且字数相同。

一、融汇生产新模式

具体做法：合作社融汇农户资源，基地融合规模化种植，实现草莓产业集约化发展。

二、融合品牌新策略

具体做法：统一包装融合设计元素，线上线下融合营销渠道，打造"F县红莓"品牌新形象。

三、融通技术新合作

具体做法：深化产学研融合合作，引进先进技术融合管理经验，定期培训融合技术指导。

根据这三条做法，可以概括总体性核心做法用于主标题。

提示词：

请用数字概括法，对下面三条做法进行概括，提炼出总体性核心做法词。

###
一、融汇生产新模式
二、融合品牌新策略
三、融通技术新合作

AI 输出：

使用数字概括法对这三条做法进行提炼，我们可以得到一个总体性的核心做法词。

总体性核心做法词：三融并进

1融汇：合作社融汇农户资源，基地融合规模化种植，实现草莓产业集约化发展。

2融合：统一包装融合设计元素，线上线下融合营销渠道，打造"F县红莓"品牌新形象。

3融通：深化产学研融合合作，引进先进技术融合管理经验，定期培训融合技术指导。

三融并进概括了F县草莓产业在生产模式、品牌打造和技术合作三个方面所采取的具体措施，体现了"农村一二三产业融合发展"的理念。

这里的"三融并进"就成为全篇的主题，能够比较好地凸显这项工作的核心主旨。到这里对做法的深度提炼就完成了，可以进入第二步。

第二步：套用公式生成内容

带着前面 AI 分析、提炼出来的做法，结合经验信息写作公式就可以生成文稿内容了。这里写完整稿件的时候，需要新开一个窗口，避免大模型读取上文干扰生成内容。

经验信息写作公式：

经验信息篇章＝主标题＋正文段 1（小标题 1＋做法句＋成果句）＋正文段 2（小标题 2＋做法句＋成果句）＋……

主标题＝地区（单位）＋主题（核心做法词）＋效果词

【经验信息】提示词：

你是省政府农业农村厅办公室主任，对农业经济发展有深刻认识，擅长提炼、分析并撰写农业方面的公文材料。请你结合以下【三个小标题】和【经验信息写作公式】，撰写一篇经验信息。要求：①保持小标题作为段落第一句，不要拓展延伸；②内容围绕【F 县草莓产业情况】进行扩写，在保持原意的基础上进行拓展；③字数为 800 字。

三个小标题

一、融汇生产新模式

二、融合品牌新策略

三、融通技术新合作

经验信息写作公式

经验信息篇章＝主标题＋正文段 1（小标题 1＋做法句＋成果句）＋正文段 2（小标题 2＋做法句＋成果句）＋……

主标题＝地区（单位）＋主题（三融并进）＋效果词

#F 县草莓产业情况

F 县"融合创新"推动草莓产业高质量发展。通过"合作社＋基地＋农户"的生产模式整合资源，规模化种植优质草莓品种，有效提高亩产效益；打造"F县红莓"区域公共品牌，统一包装设计与营销策略，提升市场知名度和竞争力，产品远销长三角各大城市；深化与科研院校的技术合作，引进先进栽培技术和管理经验，开展定期培训和技术指导，提升果农专业技能。今年一季度，全县草莓总产值突破 1.5 亿元，同比增长 20%，直接或间接带动就业近 5000 人，为乡村振兴注入强劲动力。

AI 输出：

F 县三融并进推动草莓产业高质量发展成效显著

一、融汇生产新模式

F 县通过"合作社＋基地＋农户"的生产模式整合资源，规模化种植优质草莓品种，有效提高了亩产效益。这一模式不仅实现了草莓生产的标准化和规范化，而且通过合作社的专业运作，增强了农户抵御市场风险的能力。据统计，得益于这一模式的有效实施，F 县草莓的平均亩产量较去年提升了 15%，极大地提升了农户的收入水平。

二、融合品牌新策略

（略）

三、融通技术新合作

（略）

可以看到，AI 按照我们的要求生成了经验信息的内容，内容质量还不错，可以上手修改了。

第三步：判断、调整、修改内容

这里需要调整、修改的内容，主要是对符合信息要求的表达进行精炼。例如，在正文段落中，去掉主语"F县"，直接行文即可。AI 喜欢总结最后一段，在经验信息的写作中并不需要，三条做法写完直接结束即可。这些调整、修改，不需要借助 AI，手动即可。

无论是动态信息，还是经验信息，篇幅都不长，但作为很多单位经常需要报送的文种，用 AI 提效的价值很大。

总结一下写好信息的关键点：一是对接上级精神是前提；二是提炼核心要点是关键；三是全程干货输出无水分。记住这三点，与 AI 密切协作，高效写出让上级印象深刻的信息，就不再是难事了。

第五节　如何用 AI 辅助写会议纪要

这节来学习如何用 AI 辅助快速写会议纪要。纪要主要是用来记载会议的主要情况和议定的重点事项的。它是法定公文里最常用的一种，也是很多领导考验"公文新手"最常用到的一种。因为要想把一份纪要写清楚，需要具备两个方面的能力：一是对信息的归纳整理能力；二是对工作的熟悉程度。

现在有了 AI，归纳整理信息会变得非常高效，你只需要判断 AI 梳理总结的内容是否有遗漏，确保会议纪要是完整的，总结内容是准确的就行。

按照是否有执行约束力来分，纪要可以分为办公类会议纪要和研讨协商类会议纪要，前者要求有关方面执行，后者只是告知，没有执行上的约束力。

一、办公类会议纪要：明确决策要求

办公类会议纪要主要用来传达会议议定的工作事项及部署的任务，这些是需要参会者注意和执行的。

这类纪要一般通过会议纪要的专用版头形式，在内部刊发，不加盖发文机关的印章。需要强调的是，对于涉及保密内容的工作，会议纪要是不能用 AI 辅助处理的，一定要注意保密原则。

先设定一个任务场景：

你是 ×× 公司经理办公室秘书，公司召开了本月办公例会，讨论了各部门的重要事项，经理安排你写一份会议纪要。

第一步：分析、处理工作问题

在用 AI 辅助写会议纪要之前，首先要对会议讨论的内容进行梳理。

现在，能把会议录音转成文字的工具很多，我常用的是通义千问的效率工具箱中的"听课开会"的"实时记录"功能，如图 2-1 所示。网页版登录就能用，而且有一定的免费时长。其他录音转文字的工具，如飞书、讯飞听见等，也都可以用。

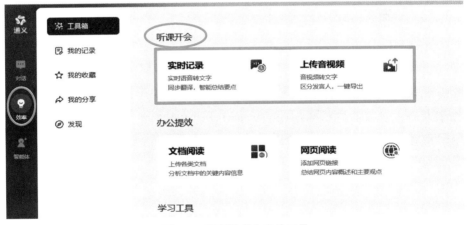

图 2-1　录音转成文字的工具

点开"实时记录"，可以在开会时直接进行记录转写。"实时记录"不但使用方法很简单，而且在录音的同时，可以直接在发言人处进行姓名编辑。

"上传音视频"功能，适合你用录音笔已经录好音频或者视频，让通义千问帮助转写。它的操作方法也很简单，点击"上传音视频"，在对话框里选择文件进行文字转写就可以了。

在 AI 完成文字稿撰写后，你要按照会议记录的要求进行初步整理。例如，把会议的基本要素写清楚，明确录音稿中讲话人的身份。

处理完后，就可以用 AI 来生成会议纪要初稿了。

这里，我用 AI 虚拟了一份 ×× 公司月办公例会会议记录，会议参加人员均为虚构。

××公司月办公例会会议记录

会议时间：××××年××月××日

会议地点：×××

参会人员：总经理李明、副总经理王丽、工程技术部经理张伟、安全生产与风险管理部门经理赵刚、行政与人力资源部经理陈燕、财务部门经理刘强、材料与供应链管理部门经理周华、党建工作部门经理郭晓红、法务与合规部门经理吴磊、研发与创新部门经理孙勇、总经理室秘书林小芳

主持人：总经理李明

记录：杨柳

发言：

议题1：重要工程项目的设计方案和施工图纸审议

张伟（工程技术部经理）：各位领导，同仁，关于我们即将开展的大型工程项目，我们部门已经完成了初步的设计方案和施工图纸。在这个过程中，我们特别注重了工程的安全性和可持续性。我们采用了新型环保材料，并优化了结构设计，以确保项目的长期稳定运行。请各位审阅并提出宝贵意见。

李明（总经理）：张伟，你们的设计方案和图纸我看过了，整体思路是清晰的。但我注意到，在成本预算方面似乎偏高。我们需要考虑项目的经济效益，有没有可能进一步优化成本而不影响工程质量和安全性？

王丽（副总经理）：我同意李总的观点。虽然环保和可持续性很重要，但我们也需要平衡成本和收益。张伟，你们能否在材料选择或施工工艺上找到更经济的替代方案？

（略）

议题2：员工福利制度和激励机制（略）

议题3：下一阶段财务预算和资金使用计划（略）

议题4：近期的安全生产情况和风险管理措施的汇报（略）

议题5：公司党建工作的总结和下一步计划的讨论（略）

议题 6：公司法律合规问题的分析和解决方案的讨论（略）

议题 7：公司新产品研发和技术创新的进展报告（略）

接下来，我就用这份虚拟的会议记录让 AI 辅助撰写会议纪要。

第二步：套用公式生成内容

要让 AI 快速生成一篇像样的会议纪要，最关键是抓住会议纪要里的关键动词。

如果你之前读过或者写过会议纪要，肯定遇到过这些提示语，如"会议认为""会议指出""会议要求""会议强调""会议决定""会议明确""会议号召"等，这是专属于会议纪要的语言。

这些关键动词的出现也是有先后顺序的，首先出现的往往是"传达""听取""介绍"等，其次出现的往往是"提出""讨论"等，最后出现的往往是"明确""要求""强调"等。

为什么这么安排？其背后体现的是纪要内容在写作时的内在逻辑，即提出问题、分析问题、解决问题。会议"传达""听取""介绍"反映的是提出问题，会议"提出""讨论"是分析问题，会议"明确""要求""强调"是解决问题。

结合纪要动词的使用，我提炼出了办公类会议纪要的写作公式：

纪要篇章＝标题＋引言段＋议题段 1＋议题段 2＋议题段 3＋……

标题＝会议名称＋纪要

引言段＝×××（会议时间），×××（在场最高领导）在 ×××（会议地点）主持召开 ×××（会议名称），会议传达了……/ 会议听取了……/ 会议审议了……/ 会议通报了……就 ×××（重点事项）进行研究部署。×××、×××、×××（领导）参加会议。会议纪要如下：

议题段＝议题句＋会议过程句＋结论要求句

议题句＝关于 ××× 工作

会议过程句＝会议传达了……/ 会议听取了……/ 会议审议了……/ 会议通报了……

结论要求句＝会议认为……/ 会议指出……/ 会议要求……/ 会议强调……

/会议决定……/会议明确……/会议号召……

把会议记录和纪要写作公式，一并代入提示词。

【办公类会议纪要】提示词：

> 你是某办公室资深秘书，擅长提炼内容要点、撰写高质量会议纪要。接下来，我将给你提供一份【会议记录】。请结合会议记录内容，按照【办公类会议纪要写作公式】撰写一篇会议纪要。要求：①严格按照我提供的写作公式格式和措辞方式进行撰写；②议题内容不能遗漏，要按照会议记录顺序撰写纪要；③内容充实，信息要点明确，保留关键细节；④使用专业术语；⑤字数为1500字。
>
> #办公类会议纪要写作公式
>
> 纪要篇章＝标题＋引言段＋议题段1＋议题段2＋议题段3＋……
>
> 标题＝会议名称＋纪要
>
> 引言段＝×××（会议时间），×××（在场最高领导）在×××（会议地点）主持召开×××（会议名称），会议传达了……/会议听取了……/会议审议了……/会议通报了……就×××（重点事项）进行研究部署。×××、×××、×××（领导）参加会议。会议纪要如下：
>
> 议题段＝议题句＋会议过程句＋结论要求句
>
> 议题句＝关于×××工作
>
> 会议过程句＝会议传达了……/会议听取了……/会议审议了……/会议通报了……
>
> 结论要求句＝会议认为……/会议指出……/会议要求……/会议强调……/会议决定……/会议明确……/会议号召……
>
> #会议记录
>
> ××公司月办公例会会议记录
>
> （略）

AI 输出：

> ××公司月办公例会会议纪要
>
> 一、引言段
>
> 2024年8月3日，总经理李明在公司会议室主持召开××公司月办公例会，会议审议了重要工程项目的设计方案和施工图纸、员工福利制度和激励机制、下一阶段财务预算和资金使用计划、近期的安全生产情况和风险管理措施、公司党建工作的总结和下一步计划、公司法律合规问题的分析和解决方案，以及公司新产品研发和技术创新的进展。就上述重点事项进行研究部署。副总经理王丽、工程技术部经理张伟、安全生产与风险管理部门经理赵刚、行政与人力资源部经理陈燕、财务部门经理刘强、材料与供应链管理部门经理周华、党建工作部门经理郭晓红、法务与合规部门经理吴磊、研发与创新部门经理孙勇、总经理室秘书林小芳参加会议。会议纪要如下：
>
> 二、议题段1
>
> 关于重要工程项目的设计方案和施工图纸审议
>
> 会议听取了工程技术部经理张伟关于即将开展的大型工程项目的设计方案和施工图纸的介绍。会议认为，该方案整体思路清晰，注重了工程的安全性和可持续性。会议指出，虽然环保和可持续性很重要，但需要平衡成本与效益，要求工程技术部与财务部门紧密合作，对设计方案和施工图纸进行成本优化，同时确保项目的质量和安全性不受影响。会议要求安全生产与风险管理部门全程监控项目的实施过程，确保各项安全措施落实到位，及时识别和应对潜在风险。
>
> （略）

第三步：判断、调整、修改内容

生成的内容省略了一些具体细节，这里我们可以要求 AI 补充细节。

提示词:

> 请对议题段 3 的内容进行补充和完善，充实相关工作细节要求，明确时间节点。仅输出议题段 3，字数控制在 300 字。

AI 输出:

> 议题段 3
>
> 关于下一阶段财务预算和资金使用计划
>
> 会议审议了财务部门经理刘强关于下一阶段财务预算和资金使用计划的汇报。会议认为，预算方案基于公司目前的发展战略和市场环境，预测了下一阶段的收入、成本和利润，并据此制定了详细的预算方案。会议要求财务部门与各部门密切沟通，确保预算方案的合理性和有效性。会议决定，财务部门需在 2024 年 9 月 15 日前完成下一阶段的财务预算草案，并提交给总经理办公室进行初步审核；审核后，财务部门应在 2024 年 9 月 30 日前根据反馈意见修订预算草案，并最终提交给公司管理层审批。会议明确，预算中需详细列出用于市场推广、设备升级、安全生产、员工培训等方面的费用分配和使用计划，并要求各部门在 2024 年 9 月 10 日前向财务部门提交本部门下一阶段的财务需求和计划。

AI 补充了相关工作细节，方便我们推进和执行下一步的工作。AI 生成会议纪要后，我们一定要对照会议记录进行核对，看看有没有遗漏的重要内容，如领导提出的指示要求，工作的关键内容等。不过，如果你把重要的信息给到 AI，AI 一般不会出现遗漏。

二、研讨协商类会议纪要：准确传递共识

研讨协商类会议纪要主要用于座谈交流、学术研讨、专题讨论等会议。对会议达成的共识、形成的结论，以及存在的分歧，需要以纪要的形式告知和同步相关人士。

研讨协商类会议纪要面向的范围较广，根据发布方式的不同，有以下两种写法：

一是以通知形式印发给相关单位，这种写法类似办公类会议纪要，可以套用上文的写法。

二是通过官方网站或媒体发布，方便社会各界周知，这种写法可以看成新闻类会议纪要。

接下来结合任务场景，重点演示一下第二种写法。先设定一个任务场景：

××市针对生活垃圾焚烧发电项目环境影响评价，召开了多方参与的公众座谈会。你是该市生态环境局工作人员，负责整理座谈会会议纪要，用于媒体发布。

这里的案例来自政府部门政务公开的一份座谈会会议记录，记录内容（部分）如下。

××市生活垃圾焚烧发电项目环境影响评价公众座谈会会议记录

时间：202×年×月×日10:00—12:00

会议地点：××镇政府办公楼204会议室

主持人：张××（市城市管理执法局副局长）

记录人：李××

参会人员：市委政法委代表、市生态环境局代表、市城市管理执法局、市水利和湖泊局代表、市公安局代表、市自然资源和规划局代表、岳口镇政府代表、市环境卫生管理局代表、岳口工业园管委会代表、岳口工业园企业代表、谭台村代表、耙市村代表、潭湖新村代表、新堰口村代表、徐越村代表、建设单位代表以及环境影响评估单位代表。

会议记录如下：

主持人：根据《环境保护法》《环境影响评价法》《环境影响评价公众参与办法》等法律法规的要求，公众参与作为环境影响评价工作中的一个重要内容，以保障公众环境保护知情权、参与权和监督权，维护公众环境权益。因此，今天在此召开××市生活垃圾焚烧发电项目的公众参与座谈会。今天参会的人有市委政法委代表1人、市生态环境局代表1人、市城市管理执法局代表 1 人、市水利和湖泊局代表 1 人、市公安局代表 1 人、市自然资源和规划局代表 1 人、岳口镇政府代表 1 人、市环境卫生管理局代表 1 人、岳口工业园管委会代表 1 人、岳口工业园企业代表 1 人；谭台村、耙市村、潭湖新村、新堰口村及徐越村委会代表各 1 人，村民代表各 3 人。建设单位××环保能源（××）有限公司 4 人及环境影响评估单位××安全环境技术研究院股份有限公司 2 人。

（略）

第一步：分析、处理工作问题

研讨协商类会议也是要先处理会议内容，用 AI 处理好录音的文字稿，形成会议记录。

接下来，用座谈会会议记录，套用写作公式和提示词模板来写一篇会议纪要。

第二步：套用公式生成内容

研讨协商类会议纪要写作公式：

纪要篇章＝标题＋引言段＋正文段（会议过程）……＋正文段（结论要求）

标题＝会议名称＋纪要

引言段＝会议情况句（会议时间＋会议主题）＋参会人员句（与会最高领导＋会议主持人＋概述其他与会领导／人员）

正文段（会议过程）＝会议传达了……／会议听取了……

正文段（结论要求）＝会议认为……／会议指出……／会议要求……／会议强调……／会议决定……／会议明确……／会议号召……

【研讨协商类会议纪要】提示词：

> 你是市政府办公室秘书，擅长抓重点撰写会议纪要。下面，我将为你提供一份【会议记录】。请结合会议记录的内容，按照【研讨协商类会议纪要写作公式】撰写一篇会议纪要。要求：①严

格按照我提供的写作公式格式和措辞方式进行撰写；②议题内容不能遗漏，要按照会议记录的顺序撰写纪要；③内容充实，信息要点明确，保留关键细节；④使用专业术语；⑤字数为800字。

　　# 研讨协商类会议纪要写作公式

　　纪要篇章 = 标题 + 引言段 + 正文段（会议过程）……+ 正文段（结论要求）

　　标题 = 会议名称 + 纪要

　　引言段 = 会议情况句（会议时间 + 会议主题）+ 参会人员句（与会最高领导 + 会议主持人 + 概述其他与会领导 / 人员）

　　正文段（会议过程）= 会议传达了……/ 会议听取了……

　　正文段（结论要求）= 会议认为……/ 会议指出……/ 会议要求……/ 会议强调……/ 会议决定……/ 会议明确……/ 会议号召……

　　# 会议记录

　　×× 市生活垃圾焚烧发电项目环境影响评价公众座谈会会议记录

　　（略）

AI 输出：

　　×× 市生活垃圾焚烧发电项目环境影响评价公众座谈会纪要

　　引言段

　　2020 年 10 月 23 日 10：00—12：00，在 ×× 镇政府办公楼 204 会议室召开了 ×× 市生活垃圾焚烧发电项目环境影响评价公众座谈会。会议围绕该项目的环境影响评价展开讨论，旨在保障公众的环境保护知情权、参与权和监督权。

　　本次座谈会由市城市管理执法局副局长张 ×× 主持。与会领导包括市委政法委、市生态环境局、市城市管理执法局、市水利和湖泊局、市公安局、市自然资源和规划局、岳口镇政府、市环境卫生管理局、岳口工业园管委会的代表，以及岳口工业园企业代表、谭台村、耙市村、潭湖新村、新堰口村、徐越村的村委会代表和村民代表，还有建设单位××环保能源（××）有限公司及环境影响评估单位××安全环境技术研究院股份有限公司的代表。

正文段（会议过程）

会议传达了生活垃圾焚烧发电项目的重要性和紧迫性，并听取了××环保能源（××）有限公司和××安全环境技术研究院股份有限公司对项目的介绍和环境影响评估报告的说明。

正文段（结论要求）

（略）

这类会议需要面向公众发布相关结果。按照刚才的提示词生成的内容，是适合在媒体发布的比较简短的纪要。

第三步：判断、调整、修改内容

如果你觉得哪个部分不够详细，省略了会议的重要信息，可以让AI继续补充完善。

例如，你觉得刚才生成的内容中，有关会议过程的内容比较少，不够具体详细，你可以跟AI说以下提示词：

请补充正文段（会议过程）的内容，充分反映会议讨论的内容，字数为300字，仅输出正文段（会议过程）的内容。

AI 输出：

会议传达了生活垃圾焚烧发电项目的重要性和紧迫性，并听取了××环保能源（××）有限公司和××安全环境技术研究院股份有限公司对项目的介绍和环境影响评估报告的说明。××环保能源（××）有限公司代表王××介绍了项目概况，强调公司将按照市委市政府的要求，将该项目打造成示范工程，实现"经得起看、闻、听、测"的高标准环保要求。××安全环境技术研究院股份有限公司代表赵××对建设项目环境影响报告书进行了详细介绍，阐述了项目采取的环保措施，包括烟气治理、废水处理、噪声控制和固体废物处置方案，并解释了项目如何符合国家产业政策和技术要求。各职能部门代表依次发言，提出了对项目选址、环保措施、监管等方面的意见和建议。市自然资源和规划局询问了项目与《中华人民共和国土壤污染防治法》（简称《土壤污染防治法》）的关系，市生态环境局表达了对项目的支持，并要求加快环境影响评估进度。市公安局强调了各部门间的协作与宣传的重要性。岳口镇政府提出了绿化建设和运行规范的要求。市水利湖泊局询问了项目的取水和排水安排。园区管委会建议加强与周边村民的沟通。周边村落的代表们表达了对项目的担忧，特别是对污水排放和气味问题的关注。针对上述问题，主持人张副局长和其他代表给予了回应，承诺加强宣传工作，加快环境影响评估进度，并建立村企之间的沟通机制。××安全环境技术研究院股份有限公司代表赵××详细回答了取水和排水问题，并确认项目环境影响评估报告中已考虑了《土壤污染防治法》的要求。××环保能源（××）有限公司代表王××重申了公司的责任和承诺，表示将与周边社区保持密切联系，确保项目的顺利实施。

大模型有个特点，就是没办法精确按照字数要求输出。所以，这里要求300字，但是AI输出了600多字，需要人工选取重点，保留核心内容。

会议纪要是工作中常见的文种，整理起来非常麻烦，恰好AI具备强大的文字提炼处理能力，可以替我们节约大量梳理、提炼文本的时间。

当然，千万不能忘记，AI生成会议纪要后，我们一定要结合会议记录进行核对，看看有没有遗漏的重要内容，如领导提出的指示要求、工作的关键内容等。

总结一下写好纪要的关键点：一是会议共识要讲清；二是结论要求要明确；三是固定表达不能变。牢记这三点要求，再加上AI快速整理信息、提炼关键点的能力，我们就能把会议纪要做得精确可靠，成为领导最信任的助理。

第三章

快速构思：用 AI 辅助分析问题、
创新思路

第一节　如何用 AI 辅助写计划方案

本节开始学习怎么用 AI 辅助写中阶文种。中阶文种包括计划方案、总结汇报、体会发言、述职报告、公开信，有一定的创造性，涉及在现有信息基础上的创新与创造。AI 可以很好地辅助我们找到前瞻性、创新性的措施，大幅降低写作的难度和工作量。

这节先学习怎样用 AI 辅助写计划方案。计划方案是指为了完成工作而做出先导性安排的文种，包括工作计划和工作方案两类。作为党政机关公文的计划方案，与企业中使用的计划方案，除了在表达方式上有所区别，整体结构和用 AI 辅助的方法都是相通的。本节以公文类型的计划方案写作为例，其操作步骤完全可以迁移使用。

一、工作计划：前瞻思考有创新

根据内容、时间跨度、适用范围的不同，工作计划可以分成很多种。例如，根据内容范围的不同，可以分为综合计划和专项工作计划，也可以细分为生产计划、科研计划等具体工作计划；根据时间跨度的不同，可以分为月度计划、季度计划、半年计划、年度计划等。下面以专项工作计划写法为例，其他的计划可以参照此写法。

先设定一个任务场景：

你是 H 市政府科技局的工作人员，近期上级下发文件《A 省通用人工智能创新发展三年行动计划（2023—2025 年）》，领导让你制订一份落实上级文件指示的配套专项工作计划。

第一步：分析、处理工作问题

写专项计划之前的研究分析工作非常重要。研究分析什么呢？上级的文件精神、产业可行性措施和本地的实际情况。只有把这些研究透了，后面的写作才能有的放矢。

　　首先是分析上级的文件精神。找到与计划相关的上级文件，它是制订工作计划的基本依据，然后用AI分析它的框架与重点。下面用AI分析文件《A省通用人工智能创新发展三年行动计划（2023—2025年）》。

【分析文件】提示词：

　　你是省政府政策研究室主任，请从下级单位贯彻落实文件精神的角度，提炼这份文件的重点内容，要求列出所有工作措施，按照文件的层次顺序，以有序列表形式输出。

AI输出：

　　根据《A省通用人工智能创新发展三年行动计划（2023—2025年）》的内容，以下是文件中各项工作的重点措施，按文件结构顺序整理。

　　一、总体思路

　　- 坚持以习近平新时代中国特色社会主义思想为指导，全面贯彻党的二十大精神。

　　- 发挥认知智能大模型先发优势，立足国际视野，服务国家战略。

　　- 系统布局大算力、大数据、大模型，实施六大专项行动。

　　- 构建开放、创新、活跃的通用人工智能产业生态。

　　二、行动目标

　　- 到2025年实现智能算力建成、高质量数据供给、大模型性能领先、场景应用广泛、产业集聚、产业生态一流。

　　- 研发千亿级参数通用大模型和多模态大模型。

　　- 实现"1+N+X"生态体系，即一个通用大模型、多个行业大模型、大量应用创新。

　　三、重点任务

　　（略）

AI对文件的重点进行了分析，这属于上级提出的具体工作要求，将这些内容复制到文档中，作为"上级的文件精神"的文档1。

分析完上级文件，再探究产业发展的可行性措施。我们可以把AI当作产业专家顾问、政策专家顾问，通过与AI对话，实现对问题的层层挖掘，帮助我们快速了解并找到措施的制定方向。这里为了避免AI读取上文，影响生成内容，需要新开一个AI对话窗口。

【头脑风暴】提示词：

> 我是一位【人工智能产业政策制定者】，对人工智能产业发展方向具有浓厚兴趣。你是一位【人工智能领域的资深专家】，精通人工智能领域及其涉及的计算机科学、数学、神经科学、心理学、语言学、哲学和认知科学等多学科。接下来，我会和你不断探索，找到推动人工智能产业发展的可行性措施。现在，请你列出你认为可能促进人工智能产业发展的措施。

AI输出：

> 作为一位人工智能领域的资深专家，我很高兴与您探讨如何促进人工智能产业的发展。以下是一些我认为可以推动该产业进步的措施：
>
> 1. 加大研发投入
>
> 政府和私营部门应增加对基础研究的资金支持，特别是那些长期项目，这些项目可能短期内看不到直接经济效益，但对未来的突破至关重要。
>
> 鼓励跨学科合作，例如将计算机科学与神经科学或心理学相结合，以促进更深层次的理解和技术革新。
>
> （略）

当AI给出答案后，你可以继续追问。不管你是否对目前的答案满意，接下来都采用"Yes，and"的提问方式，不要否定AI的答案。

追问1：很好，请问是否还有其他可能的措施？

AI 输出：

> （略）

追问 2：很棒，我看到了一些有价值的措施，请问是否还有其他可能的措施，请尽可能发挥你的想象力，对这个问题进行深入分析。

AI 输出：

> （略）

追问 3：非常好，我又看到了新的举措，而且更加具有宏观视野，我想知道是否有其他可能的措施？

AI 输出：

> （略）

如果觉得不够，还可以继续追问。到这里已经输出了几十条措施，当然其中有一定的重复，也不完全在一个层面上，需要让 AI 对它们进行收敛整理。

追问 4：非常好，现在请你综合上面所有提出的举措，对发展人工智能产业的措施进行综合分析，需要对主题进行归纳，要有层次区分，重复的内容可以合并，相近的内容可以归于更高层级的主题。请你以有序或无序列表形式输出。

AI 输出：

> （略）

通过这样的追问，能够让我们在很短的时间内搞清楚一个特定问题，对进行深度思考很有帮助。这里已经梳理出了促进人工智能产业发展的可行性措施，将这些内容也复制到文档中，作为文档 2 备用。

有了这些措施就够了吗？还不够，还要看这些措施是否符合当地的实际情况。这里我们找到了一份"H 市人工智能产业发展现状"（文档 3）的文件。

有了"上级的文件精神""促进人工智能产业发展可行性措施"和"H市人工智能产业发展现状"这三个文档，我们就可以让AI帮我们提炼重点任务了。我们把三个文档先上传AI，然后输入下面的提示词，让AI提炼出重点任务。

【文件综合分析】提示词：

> 你是市政府政策研究室主任，非常熟悉人工智能产业的发展，擅长用前瞻性眼光制订工作规划。请根据"上级的文件精神""促进人工智能产业发展可行性措施"和"H市人工智能产业发展现状"这三个文档，分析并确定H市人工智能产业专项工作计划中的重点任务。要求：①重点任务要包括上级文件提到的主要工作内容；②在满足第一点的基础上，重点任务还可以从促进人工智能产业发展措施中提取；③重点任务安排符合H市的特点，发挥H市的优势资源。④重点任务以有序或无序列表输出。

AI输出：

> 根据"上级的文件精神""促进人工智能产业发展可行性措施"以及"H市人工智能产业发展现状"，可以确定H市人工智能产业专项工作计划中的重点任务如下：
>
> 一、基础研究与技术创新
>
> 强化在深度学习、强化学习、迁移学习、自然语言处理、计算机视觉等领域的基础研究与创新投入。
>
> （略）

筛选完后，我们接下来就根据这些重点任务，提炼出总目标和分目标，以便后面使用。继续输入下面的提示词。

【提炼分析】提示词：

> 你是市政府政策研究室主任，非常熟悉人工智能的产业发展，擅长用前瞻性眼光进行工作规划。请结合上述重点任务，概括提

炼出 H 市人工智能产业发展的总目标和分目标。要求：①分目标标题是以结果为导向的标题；②表达简洁清晰。

AI 输出：

总目标

构建国际领先的通用人工智能产业高地，推动 H 市成为全球人工智能科技创新策源地和新兴产业聚集地。

分目标

1. 建设国际级算力枢纽

实现充裕智能算力建设，形成国家级算力调度中心。

2. 打造开放数据生态

建设一体化数据平台，实现高质量数据全面开放。

（略）

总目标和分目标符合公文表达方式，但是目前的分目标过多，需要根据实际情况、按重要性保留 5~7 个。在这里，我们按照顺序保留前 6 个分目标。

第二步：套用公式生成内容

现在已经生成了明确的重点任务，也有了总目标和分目标，接下来就可以套用公式生成内容，也就是把第一步分析得出的重点任务、总目标和分目标提供给 AI，让 AI 根据专项工作计划写作公式填充内容。这里注意要新开一个 AI 对话窗口。

专项工作计划写作公式：

计划篇章 = 标题 + 帽段 + 工作思路段 + 工作目标段 + 重点任务段（N 项任务）+ 保障措施段

标题 = 主题 + 计划

帽段 = 目的句 + 依据句 + 过渡句

工作思路段 = 指导思想句 + 形势背景句 + 工作思路句 + 工作目标句

工作目标段 =【总目标 + 分目标】

重点任务段 = 任务小标题 + 工作做法句

保障措施段＝组织领导段＋资金投入段＋政策制度段＋监督管理段＋宣传引导段

【专项工作计划】提示词：

你是市政府政策研究室主任，非常熟悉人工智能产业的发展，擅长用前瞻性眼光进行工作规划。请根据【专项工作计划写作公式】，结合【重点任务】【总目标＋分目标】，起草 H 市人工智能产业发展计划。要求：字数为 4000 字，可分段输出。

#专项工作计划写作公式

计划篇章＝标题＋帽段＋工作思路段＋工作目标段＋重点任务段（N 项任务）＋保障措施段

标题＝主题＋计划

帽段＝目的句＋依据句＋过渡句

工作思路段＝指导思想句＋形势背景句＋工作思路句＋工作目标句

工作目标段＝【总目标＋分目标】

重点任务段＝任务小标题＋工作做法句

保障措施段＝组织领导段＋资金投入段＋政策制度段＋监督管理段＋宣传引导段

#重点任务

根据"上级文件的精神""促进人工智能产业发展可行性措施"以及"H 市人工智能产业发展现状"，可以确定 H 市人工智能产业专项工作计划中的重点任务如下：

一、基础研究与技术创新

（略）

#总目标＋分目标

总目标

构建国际领先的通用人工智能产业高地，推动 H 市成为全球人工智能科技创新策源地和新兴产业聚集地。

分目标

1. 建设国际级算力枢纽

实现充裕智能算力建设，形成国家级算力调度中心。

2. 打造开放数据生态

建设一体化数据平台，实现高质量数据全面开放。

（略）

AI 输出：

H市人工智能产业发展计划

帽段

为了积极响应国家关于发展新一代人工智能的战略部署，根据国家《新一代人工智能发展规划》及相关政策文件的精神，本计划旨在推动H市人工智能产业快速发展，构建国际领先的通用人工智能产业高地。基于当前国内外人工智能产业发展趋势和H市的实际情况，特制订本计划。

工作思路段

本计划以党的二十大精神为指导思想，立足新发展阶段，贯彻新发展理念，构建新发展格局。当前，人工智能已成为引领新一轮科技革命和产业变革的关键力量，H市拥有良好的产业基础和科教资源，具备发展人工智能产业的独特优势。我们将坚持创新驱动发展战略，聚焦关键核心技术突破，强化人才队伍建设，推动数据资源共享，深化应用场景拓展，完善法律法规体系，优化市场环境，加强国际合作，强化安全保障，构建完善的产业生态体系，全面提升H市人工智能产业核心竞争力。

工作目标段

总目标

构建国际领先的通用人工智能产业高地，推动H市成为全球人工智能科技创新策源地和新兴产业聚集地。

（略）

通过套用公式，AI已经输出了一篇计划，整体质量还是可以的。其中，重点任务段列举得比较多，保留与工作密切相关的任务就可以了，这里保留前6段。

第三步：判断、调整、修改内容

判断、调整、修改内容就是对计划的细节进行修改并完善。下面以计划的主体部分为例，介绍如何调整、修改。目前，主体部分输出的重点任务内容比较简单，而且有漏掉的，这里可以要求AI进一步丰富内容。注意，这里还是与前面保持在一个对话窗口。

【调整修改】提示词：

> 对下面的【重点任务内容】进行补充和完善，要提出对H市各部门、企业等方面具体的工作落实举措和要求，对需要量化的工作提出数据性指标，具体数字用××代替，字数为2000字。
>
> #重点任务内容
>
> 一、基础研究与技术创新
>
> 强化在深度学习、强化学习、迁移学习、自然语言处理、计算机视觉等领域的基础研究与创新投入。
>
> 攻克通用人工智能、强人工智能、超大规模预训练模型等关键核心技术，设立AI科研"登月计划"。
>
> 构建未来智能城市实验室，作为AI技术集成应用的试验田，探索神经计算、类脑计算、脑机接口等前沿技术。
>
> 二、人才培养与教育资源
>
> （略）

AI输出：

> 重点任务段
>
> 一、基础研究与技术创新
>
> 强化基础研究与创新投入

市科技局牵头组织专家团队，编制 H 市人工智能领域基础研究与技术创新行动计划。

在未来五年内，市级财政每年安排不少于 ×× 亿元专项经费用于支持深度学习、强化学习、迁移学习、自然语言处理、计算机视觉等领域的研究。

力争在未来五年内，H 市在上述领域的论文发表数量和质量进入全球前 ×× 名。

攻克关键核心技术

设立 AI 科研"登月计划"，由市科技局、发改委、经信委联合组织实施。

在未来五年内，攻克至少 ×× 项通用人工智能、强人工智能、超大规模预训练模型等关键核心技术。

至 2029 年年底，力争将 H 市的人工智能技术能力提升至国际领先水平。

构建未来智能城市实验室

依托 H 市人工智能与大数据研究院，建设未来智能城市实验室，探索神经计算、类脑计算、脑机接口等前沿技术。

未来五年内，实验室要完成至少 ×× 个前沿技术的实验项目，并形成至少 ×× 项可推广的技术成果。

二、人才培养与教育资源

（略）

可以看到，AI 根据我们的要求，生成了更为详细的重点任务内容。而且详细地列举了相关措施和数据量化要求。这里的标题还不太符合计划工作的标题要求，可以让 AI 继续修改。

【修改标题】提示词：

对下列【重点任务标题】进行修改，要求是行动导向的标题表述，仅输出标题即可。

＃重点任务标题

（一）基础研究与技术创新

（二）人才培养与教育资源

（三）数据资源与基础设施

（四）应用场景拓展与产业融合

（五）法规伦理与监管体系

（六）市场环境与政策支持

AI输出：

（一）强化基础研究与技术创新

（二）构建多层次人才培养体系

（三）建设开放共享的数据资源与基础设施

（四）推动应用场景创新与产业融合发展

（五）完善法规伦理与监管体系

（六）优化市场环境与政策支持体系

AI输出的标题已经基本符合要求了。你可以按照这个方法调整、修改计划的其他部分。

此外，在计划中需要人工核对的还有，A省行动计划中有4处提到了H市，这些工作属于必须落实的上级要求。

（1）在H市建设智联专线，统筹智能算力调度使用。

（2）鼓励有条件的市开展通用人工智能试点，支持H市发挥智能算力资源集聚优势，支持"科大硅谷"发挥创新机制灵活、改革系统集成作用。

（3）高规格举办通用人工智能创新应用大赛，努力打造成全国性著名赛事，在省级层面支持H市举办人工智能算法大赛暨开发者大会。

（4）支持H市开展人工智能专业技术人才职称评审，并组建相应评审委员会，完善职称评审绿色通道有关政策。

这个就不用AI添加了，人工加到相应的段落中就行。

经过上文的三步走（基本操作步骤），把AI生成的内容以及人工补充的内容组合起来，复制到文档软件中，一篇计划的初稿就基本成型了。

我们会发现，在构思方面，我们用 AI 辅助做了不少工作。这是中阶文种的特点，要对工作进行深度思考和谋划。

二、工作方案：组织严密能落地

工作计划规划的各项工作，要落实到具体执行层面，还需要制定具体的工作方案。工作方案有工作部署方案、活动组织方案之分。其中，工作部署方案与工作计划的功能、结构类似，特别是用 AI 辅助生成的基本逻辑一样。我把工作部署方案的写作公式和提示词模板放到本节最后，供大家参考。接下来，重点讲解活动组织方案。

活动组织方案考验安排工作时思维的缜密性，各方面都不能有遗漏。同时，很多活动组织方案要求一定的创新性，最好在活动安排上有创意、有特色，避免一成不变。这些 AI 都可以帮助我们。

先设定一个任务场景：

你是 H 市政府科技局工作人员，根据本市人工智能发展计划，近期要举办 H 市第二届全球人工智能产业大会，领导让你制定大会工作方案。

第一步：分析、处理工作问题

产业大会的活动安排很关键，可以设计的活动很多，怎样才能办出特点，可以让 AI 在大会设计和活动安排上给我们出出主意。

【辅助思考】提示词：

> 你是举办大型产业会议的专家，擅长组织各类产业大会。我是 H 市政府科技局工作人员，H 市近期要举办第二届全球人工智能产业大会，怎样才能让大会办得更有创新性和吸引力，扩大 H 市人工智能产业领域的影响力？

AI 输出：

> 为了确保 H 市第二届全球人工智能产业大会的成功举办并提

升其创新性和吸引力，可以考虑从以下几个方面来规划和执行这次活动：

1. 明确大会主题和目标

主题：选择一个既紧跟行业趋势又能体现 H 市特色的主题，比如"智能驱动未来：构建可持续 AI 生态系统"。

目标：设定清晰的目标，例如吸引国际顶尖 AI 企业参与、促进本地企业与国际企业的合作、推广 H 市的人才和技术等。

2. 内容策划

主旨演讲：邀请国内外知名 AI 专家、企业家和政府官员进行主旨演讲。

专题论坛：围绕 AI 技术、应用、伦理、法律等热点问题设置多个专题论坛。

（略）

AI 的分析还是比较全面的，我们可以让 AI 结合这个分析规划大会活动安排，保持在一个对话窗口不变。

【策划活动】提示词：

很好，这场大会将举办 2 天，按照你的理解请为我详细规划一下大会的各项活动安排，要求：①至少列举 8 项活动；②每项活动有具体的名称；③每项活动按"时间＋地点＋参加人员及规模＋主题＋内容"，以有序列表形式输出。

AI 输出：

当然，根据您的要求，下面是为期两天的全球人工智能产业大会的具体活动安排。假设大会将在 H 市国际会议中心举行，并且有多个分会场可供使用。

第一天（8 月 15 日，星期三）

活动 1：开幕式

时间：上午 9∶00—9∶30

地点：主会场

参加人员及规模：全体参会者（预计 1000 人）

主题：欢迎致辞与开幕仪式

内容：

市领导致欢迎辞；

主办方介绍大会目标和议程；

简短的文艺表演。

活动 2：主旨演讲——AI 驱动的未来社会

（略）

感觉活动内容还不够详细、丰富，还可以让 AI 再细化。

【调整修改】提示词：

以上非常好，请保持各项活动不变，对活动的"内容"进行细化，"内容"以无序列表形式输出，请重新生成各项活动安排。

AI 输出：

好的，以下是经过细化后的各项活动安排，包括具体的活动内容以无序列表形式输出。

第一天（8 月 15 日，星期三）

活动 1：开幕式

时间：上午 9∶00—9∶30

地点：主会场

参加人员及规模：全体参会者（预计 1000 人）

主题：欢迎致辞与开幕仪式

内容：

市领导致欢迎辞。

欢迎各位嘉宾与参会者；

介绍 H 市在 AI 领域的成就与发展愿景。

主办方介绍大会目标和议程。

大会目的与期望成果；

主要议题与亮点介绍。

简短的文艺表演。

（略）

以上就是细化后的内容安排，希望能为您提供更详尽的信息。

经过这样几轮提问，这个大会工作方案的核心内容就有了。

第二步：套用公式生成内容

有了工作方案的核心内容，就可以套用公式生成内容，让 AI 撰写这个大会活动方案。请注意，这些操作要保持在同一个对话窗口内，以便 AI 读取上下文。

会议工作方案写作公式：

会议工作方案篇章＝标题＋帽段＋指导思想段＋总体安排段＋具体活动段（N 项活动）＋组织机构段＋任务分工段＋条件保障段＋工作要求段

标题＝会议名称＋工作方案

指导思想段＝指导思想句＋工作思路句＋工作目标句

总体安排段＝活动名称＋活动主题＋活动地点＋主办单位＋参会嘉宾

具体活动段＝时间＋地点＋参加人员及规模＋主题＋内容

组织机构段＝大会组委会成员＋成员单位

任务分工段＝单位名称＋任务安排（有序列表）

条件保障段＝场地安排＋经费安排

工作要求段＝思想要求＋工作要求＋责任要求

【会议工作方案】提示词：

你是市政府办公室会务工作负责人，擅长统筹安排会务工作，请结合上述活动安排和大会主题，按照【会议工作方案写作公式】

撰写人工智能产业大会工作方案。要求：①方案各部分内容要尽可能详细具体；②任务分工要到位，具体到市政府各相关部门、高校等单位；③用清晰的标题区分各部分，表达简洁清晰，明确可执行。

#会议工作方案写作公式

会议工作方案篇章＝标题＋帽段＋指导思想段＋总体安排段＋具体活动段（N项活动）＋组织机构段＋任务分工段＋条件保障段＋工作要求段

标题＝会议名称＋工作方案

指导思想段＝指导思想句＋工作思路句＋工作目标句

总体安排段＝活动名称＋活动主题＋活动地点＋主办单位＋参会嘉宾

具体活动段＝时间＋地点＋参加人员及规模＋主题＋内容

组织机构段＝大会组委会成员＋成员单位

任务分工段＝单位名称＋任务安排（有序列表）

条件保障段＝场地安排＋经费安排

工作要求段＝思想要求＋工作要求＋责任要求

AI 输出：

H市人工智能产业大会工作方案

一、帽段

为深入贯彻落实国家关于新一代人工智能发展规划的战略部署，进一步推进H市人工智能产业发展，加快构建具有国际竞争力的人工智能创新生态，特制定本工作方案。

二、指导思想段

指导思想：以习近平新时代中国特色社会主义思想为指导，全面贯彻党的二十大精神，坚持创新驱动发展战略，以人工智能为核心，推动H市经济高质量发展。

工作思路：以"开放合作、创新发展"为主线，通过举办高水平的人工智能产业大会，汇聚国内外顶尖专家、学者和企业家，搭建交流合作平台，促进"产学研用"深度融合。

工作目标：展示H市在人工智能领域的最新成果和发展潜力，吸引优质项目落地，提升城市影响力，推动产业转型升级。

三、总体安排段

活动名称：2024 H市人工智能产业大会

活动主题："智汇H市·共创未来"

活动地点：H市国际会展中心

主办单位：H市人民政府

参会嘉宾：国内外人工智能领域知名专家、学者、企业家、投资机构代表以及政府官员等。

四、具体活动段

（略）

第三步：判断、调整、修改内容

通过套用公式，AI生成的方案已经是基本符合要求的初稿了。我们把AI生成的内容组合、复制到一个文档中，一篇工作方案就基本完成了，接下来就是调整工作了。

例如，在指导思想方面，要加入中央关于人工智能产业发展的最新指示，自己查找相关信息手动添加就可以。

各项活动安排，AI给了我们很多启发，但具体安排什么活动，还要根据实际工作情况进行修改。

还有AI输出的格式不完全符合公文的格式，需要按照相应的标题序号进行修改，并把每个部分的"段"字去掉，做一些微调就可以了。

要做好计划方案，需要对工作进行深度分析，AI可以很好地辅助我们提出前瞻性、创新性的对策建议，大幅度降低我们分析问题的难度和工作量。

总结一下，写好计划方案的关键点如下：一是落实上级指示有创新；二是前瞻内容有创意；三是工作落地见实效。记住这三点，灵活运用AI的智力资源，高效做计划、写方案就不是问题了。

附：工作部署方案的写作公式和提示词模板

工作部署方案的写作公式：

工作部署方案篇章＝标题＋帽段＋总体要求部分＋主要任务部分＋保障措施部分

标题＝主题＋方案

帽段＝目的句＋依据句＋过渡句

总体要求部分＝指导思想段＋基本原则段＋工作目标段

主要任务部分＝主要任务段1＋主要任务段2＋……

工作目标段＝【总目标＋分目标】

主要任务段＝任务小标题＋工作做法句

保障措施段＝组织领导段＋资金投入段＋政策制度段＋监督管理段＋宣传引导段

提示词：

> 你是市政府政策研究室主任，非常熟悉人工智能产业发展，擅长用前瞻性眼光进行工作规划。请你根据【工作部署方案写作公式】，结合【主要任务】，起草H市人工智能产业园区建设工作方案。要求：字数为4000字，可分段输出。
>
> ＃工作部署方案写作公式
>
> 工作部署方案篇章＝标题＋帽段＋总体要求部分＋主要任务部分＋保障措施部分
>
> 标题＝主题＋方案
>
> 帽段＝目的句＋依据句＋过渡句
>
> 总体要求部分＝指导思想段＋基本原则段＋工作目标段
>
> 主要任务部分＝主要任务段1＋主要任务段2＋……
>
> 工作目标段＝【总目标＋分目标】
>
> 主要任务段＝任务小标题＋工作做法句
>
> 保障措施段＝组织领导段＋资金投入段＋政策制度段＋监督

> 管理段＋宣传引导段
>
> ＃主要任务
>
> 略
>
> ＃总目标＋分目标
>
> 略

第二节　如何用 AI 辅助写总结汇报

计划有了，方案执行也完成了，按照工作逻辑，接下来要写的就是工作总结和工作汇报了。这两个文种非常重要，它们需要提炼过往工作中的经验和做法。当你掌握了工作总结和工作汇报的准确写法，再用上 AI 这个强大的助手，就能又快又好地展示工作成果了。

工作总结和工作汇报虽然都是总结类材料，但稍有区别。工作总结主要是对一定阶段的工作进行梳理回顾，然后总结成绩、发现问题、提出改进对策，为下一步工作提供参考。工作汇报是围绕上级工作组需要了解的某项工作、某些情况，向上级进行有针对性汇报的材料。

一、工作总结：提炼精准出经验

凡工作必有计划和总结，这是工作闭环的基本要求。在写工作总结的过程中，最常见的问题有三类：一字排开流水账；内容空洞无亮点；语言陈旧太啰唆。

出现这些问题的原因是很多人没搞清楚工作总结的底层逻辑，误以为总结就是把工作情况罗列出来。所谓总结，在写的时候是有顺序的，要先总后结。"总"是汇总梳理，"结"是提炼共性特点。做好总结，有三个关键点：一是信息归类；二是提炼共性；三是准确排序。

下面以专项工作总结为例，讲解用 AI 辅助写工作总结的具体方法。

先设定一个任务场景：

你是 B 区政府办公室工作人员，近年来 B 区在科技创新成果转化上取得了一些成果，做出了一定的成绩，领导安排你对这项工作进行总结，并呈报上级。

第一步：分析、处理工作问题

要写好这个专项工作总结，你需要快速搜集 B 区科技创新成果转化的相关资料，提炼出这项工作的特色亮点。这是写好总结的核心所在。

怎么才能快速提炼出某项工作的特色亮点呢？

先给材料信息归归类。作为工作总结撰写者，对基层或其他各单位报上来的初步信息资料，分出四点：理、法、事、果。

（1）"理"是"理念"，代表对问题的看法、观点。

（2）"法"是"做法"，代表具体开展工作的方法。

（3）"事"是"事例"，事例中会出现具体的单位和成效。

（4）"果"是"成果"，做法带来的成果，以数据或明确的奖项、成绩展现。

你可能会问：如果基层报上来的材料中，缺少"理"和"法"怎么办？

这很正常。基层单位报送的材料往往都是缺乏提炼和梳理的事例和数据。这时候就需要你根据自己对上级的了解来概括"理念"和"做法"。

如果你工作经验不足，也不用担心，现在有了 AI，这件事完全可以让 AI 来帮忙。

针对刚才设定的任务场景，这里用一篇新闻稿作为工作总结的素材进行演示。下面材料中的地名、人名均为虚拟。打开通义千问，输入下面的提示词。

【信息归类】提示词：

> 你是省政府政策研究室的公文写作专家，熟悉产业政策，擅长课题研究，公文写作水平高。请你对下面的【工作材料】，按照"理、法、事、果"四分法进行材料内容分类标注。"理"是"理

念"，代表对问题的看法、观点；"法"是"做法"，代表具体开展工作的方法；"事"是"事例"，事例中会出现具体的单位和成效；"果"是"成果"，做法带来的成果，以数据或明确的奖项、成绩展现。

工作材料

"从'拿地即开工'到'竣工即投产'仅用14个月，联合验收只用了5个工作日。"日前，ZY液压科技有限公司在T市B区ZGC科技城（以下简称"科技城"）的研发生产基地正式落成，公司相关负责人李明说，"实际投产比预期提前两个多月。"

近年来，B区持续简化工程建设项目审批服务流程，在科技城设立政务服务分中心，选派业务骨干作为"首席审批官"进驻，授权20余项审批事项实现"受、审、批、办"一站式办理。今年1—11月，B区全区审批、核准、备案项目数量同比增长450%，投资额达930多亿元，同比增长78.34%。

营商环境更优，发展动能更足。B区高标准制定科技城战略发展规划，把"建设ZGC创新成果转化聚集地"作为发展定位。目前，科技城已累计引进经营主体1275个，在承接来自J市的实体企业中，国家高新技术企业占比近85%。

今年以来，科技城聚焦深化"创新研发在J市、验证转化在B区"的发展模式，开展"助企纾困科技服务365""科技特派员在行动"等活动。"我们以科技城为重点，深化协同创新与产业协作，加速区域产业成链成群。"B区科技局局长王丽说。前三季度，B区动力电池、智能装备、汽车配件3条重点产业链产值达187亿元。

"今年上半年，ZGC高端医疗产业园落地科技城，将于年内竣工，目前已签约20余个创新项目。"B区副区长、科技城党工委书记刘波说。科技城今年与J市签署10条深化合作协议，加强与ZGC软件园等园区联动共建，已对接创新项目资源100余个，同时推动北大科技园T市分园总部、清华紫荆创新基地等多类别创新载体入驻。

"我们将树牢创新理念，涵养创新生态，为创新成果转化提供更优承载环境。"B区区委书记赵伍说。B区将重点聚焦科技城开发建设，创新合作模式，探索优化先行先试政策，提升政策效力，聚力将科技城打造成创新发展的高地。

AI 输出：

根据"理、法、事、果"四分法对提供的工作材料进行分类标注如下：

"理"（理念）

B区区委书记赵伍表示："我们将树牢创新理念，涵养创新生态，为创新成果转化提供更优承载环境。"

"法"（做法）

B区持续简化工程建设项目审批服务流程，在科技城设立政务服务分中心，选派业务骨干作为"首席审批官"进驻，授权20余项审批事项实现"受、审、批、办"一站式办理。

科技城聚焦深化"创新研发在J市、验证转化在B区"的发展模式，开展"助企纾困科技服务365""科技特派员在行动"等活动。

B区将重点聚焦科技城开发建设，创新合作模式，探索优化先行先试政策，提升政策效力。

"事"（事例）

ZY液压科技有限公司在T市B区ZGC科技城的研发生产基地正式落成，实际投产比预期提前两个多月。

今年上半年，ZGC高端医疗产业园落地科技城，将于年内竣工，目前已签约20余个创新项目。

科技城今年与J市签署10条深化合作协议，加强与ZGC软件园等园区联动共建，已对接创新项目资源100余个。

推动北大科技园T市分园总部、清华紫荆创新基地等多类别创新载体入驻。

"果"（成果）

今年1—11月，B区全区审批、核准、备案项目数量同比增长450%，投资额达930多亿元，同比增长78.34%。

目前，科技城已累计引进经营主体1275个，在承接来自J市的实体企业中，国家高新技术企业占比近85%。

前三季度，B区动力电池、智能装备、汽车配件3条重点产业链产值达187亿元。

我们可以看到，AI工具能很快按照要求对素材进行条分缕析。但请注意，在真实的写作场景中，要处理的信息材料肯定比这多，需要多次处理。把素材信息归完类，接下来要做的就是从信息中提炼共性要点。这需要继续在同一个对话框，输入如下提示词。

【提炼要点】提示词：

接下来，以上面的内容为基础提炼工作要点。要求：①提炼"理"的内涵，作为主标题；②对做法进行归类，要求提炼出共性关键词，并将事例和成果放到相应的做法之后。

AI 输出：

树立创新发展理念，打造优质承载环境

做法1：简化流程，提高效率

"法"：简化工程建设项目审批流程，设立政务服务分中心，实现一站式审批服务。

"事"：ZY液压科技有限公司在科技城的研发生产基地仅用14个月从拿地到投产，联合验收仅用了5个工作日。

"果"：项目数量同比增长450%，投资额达930多亿元，同比增长78.34%。

做法2：深化协同发展，构建产业链条

"法"：深化"创新研发在 J 市、验证转化在 B 区"的发展模式，开展助企纾困科技服务活动。

　　"事"：ZGC 高端医疗产业园年内竣工，已签约 20 余个创新项目；与 J 市签署深化合作协议，对接 100 余个创新项目资源。

　　"果"：前三季度，B 区 3 条重点产业链产值达 187 亿元。

　　做法 3：引入高端要素，增强创新能力

　　"法"：高标准制定战略发展规划，引进高端企业和创新载体。

　　"事"：科技城已累计引进经营主体 1275 个，其中近 85% 为国家高新技术企业；推动北大科技园 T 市分园总部、清华紫荆创新基地入驻。

　　"果"：科技城成为创新成果转化聚集地，促进区域产业升级。

　　做法 4：持续优化政策，提升服务效能

　　"法"：聚焦科技城建设，探索优化先行先试政策，提升政策效力。

　　"事"：B 区区委书记赵伍强调将重点聚焦科技城建设，创新合作模式。

　　"果"：科技城将成为创新发展高地，进一步优化营商环境，吸引更多高端项目落户。

　　这里根据 AI 输出结果，你要结合你对工作的认识，看要点提炼是否准确。

第二步：套用公式生成内容

　　有了上面的内容，专项工作总结的核心要点，即工作做法就有了。接下来要做的就是以此为基础按照工作总结的写作公式，来让 AI 生成初稿内容。

　　工作总结写作公式：

工作总结篇章＝帽段＋主体段1（做法）＋主体段2（做法）+……+主体段（问题）＋主体段（计划）

帽段＝指导思想句＋情况背景句＋工作思路句＋工作成果句

主体段（做法）＝主题句Why（为什么，说明为什么这么做）＋支撑句How（怎么做，说明做法）＋支撑句What（什么，说明成果）

主体段（问题）＝客观形势句＋问题表现句

主体段（计划）＝形势分析句＋工作思路句＋结尾句

对于专项工作总结这类相对复杂的公文，为了确保总结的准确性，可以逐个部分来让AI生成内容。先生成正文段（做法），在同一个对话框中输入提示词。

【正文段（做法）】提示词：

> 请对四个一级标题之后的正文段，按照【正文段（做法）公式】进行完善，适当拓展相关内容，保证行文的逻辑性，并在内容中把数据补充进去，具体数据用××替代。要求：①各正文段提炼三条做法，用"一是、二是、三是"作为二级标题的标识；②二级标题能有效支撑一级标题，逻辑清晰，符合公文行文方式；③字数为2000字。
>
> ＃正文段（做法）公式
>
> 正文段（做法）＝主题句Why（为什么，说明为什么这么做）＋支撑句How（怎么做，说明做法）＋支撑句What（什么，说明成果）

AI输出：

> "理"（理念）
>
> 树立创新发展理念，打造优质承载环境
>
> 做法1：简化流程，提高效率
>
> Why（为什么）：为了进一步优化营商环境，提高项目落地效率，B区采取了一系列措施简化工程建设项目审批流程。

一是，在科技城设立政务服务分中心，选派业务骨干作为"首席审批官"进驻，授权 20 余项审批事项实现"受、审、批、办"一站式办理。

How（怎么做）：通过整合审批资源，减少审批环节，压缩审批时限，实现了项目的快速推进。

What（做什么）：这一系列举措使得 ZY 液压科技有限公司在科技城的研发生产基地从"拿地即开工"到"竣工即投产"仅用时 14 个月，联合验收仅用 5 个工作日，实际投产比预期提前了 2 个月。

二是，优化审批服务流程，实现跨部门协同办公。

How（怎么做）：通过建立线上审批平台，实现多部门并联审批，大大提高了审批效率。

What（做什么）：今年 1—11 月，B 区全区审批、核准、备案项目数量同比增长了 450%，投资额达 930 多亿元，同比增长 78.34%。

三是，强化项目跟踪服务，确保项目顺利推进。

How（怎么做）：建立项目跟踪服务机制，及时解决项目建设过程中遇到的问题。

What（做什么）：通过定期召开协调会议，确保了项目按计划推进，减少了延误。

做法 2：深化协同发展，构建产业链条

（略）

再根据正文段内容，来生成帽段内容。

【帽段】提示词：

请你针对上述内容，写一个统领全文的帽段，要包含中央关于创新成果转化的最新精神，要求按照【帽段公式】撰写。

帽段公式

> 帽段＝指导思想句＋情况背景句＋工作思路句＋工作成果句

AI 输出：

> 在党中央的坚强领导下，深入贯彻落实习近平总书记关于科技创新的重要论述和系列重要指示批示精神，坚持创新驱动发展战略，加快构建新发展格局，着力推进高质量发展。面对国内外经济形势的变化，以及区域竞争日益激烈的挑战，T 市 B 区坚持以科技创新引领高质量发展，将 ZGC 科技城作为重要抓手，致力于打造创新成果转化聚集地。B 区坚持树立创新发展理念，围绕简政放权、协同创新、高端要素集聚等方面，制定了一系列政策措施，以优化营商环境为核心，构建完善的创新生态体系。得益于一系列创新举措的有效实施，B 区在吸引高端企业和创新载体方面取得了显著成效，有力地推动了区域经济结构优化升级，为区域高质量发展提供了强劲动力。

对于问题段，我们用问题段模块生成内容，会更加精确。

【问题段】提示词：

> 请你根据下面的【问题段模块】，结合 B 区科技城的相关工作，拓展分析相关问题。要求控制在一段，300 字左右，条理清晰，符合模块的行文风格。
>
> #问题段模块
>
> 当然，……还面临不少问题和挑战。……不够稳固，……带来的影响比较明显。……还存在不少堵点、卡点，……困难增多。……任务艰巨，……不快，……不高，……偏少，……认识不够、行动不快，……程度不够，……不充分、……不丰富。……产出较低，……不多。……建设滞后，……不足、不高。……不够平衡，……滞后，……差距较大。……任务繁重。……较少。……仍然突出，……问题仍有发生。

AI 输出：

当然，B区科技城在快速发展的同时，还面临不少问题和挑战。创新成果转化的基础还不够稳固，外部环境变化带来的影响比较明显。在推进项目落地的过程中还存在不少堵点、卡点，企业在实际运营中面临的困难增多。培育高端产业链的任务艰巨，科技成果转化为实际生产力的速度不快，创新人才引进的数量不高，创新载体建设偏少，部分单位和人员对创新发展的重要性认识不够、行动不快，协同创新的程度不够，产业生态建设不充分、创新服务手段不丰富。科技成果的实际产出较低，吸引高水平科研团队和重大项目入驻的数量不多。科技城的基础设施建设滞后，配套服务设施不足、服务水平不高。区域发展还不够平衡，城乡间、不同行业间的差距较大。优化营商环境的任务繁重，高层次人才的引进数量较少。一些制约科技创新的因素仍然突出，个别领域的深层次问题仍有发生。

接下来，结合上面的工作及存在的问题进行分析，提出下一步的工作计划。

【主体段（计划）】提示词：

请结合上述工作及存在问题，按照【主体段（计划）】写一段下一步的工作计划，要求：①有前瞻性目标和创新举措；②在工作思路句中，至少列出3点以上工作举措，并以"一是、二是、三是……"开头。

#主体段（计划）公式

主体段（计划）＝形势分析句＋工作思路句＋结尾句

AI 输出：

面对当前存在的问题与挑战，B区科技城将继续坚持创新驱动发展战略，紧抓新一轮科技革命和产业变革的历史机遇，以更高的标准和更实的举措推动科技城高质量发展。

工作思路句

下一步的工作计划包括：

一是，进一步深化行政审批制度改革，优化审批流程，提高政务服务效率，为企业提供更加便捷高效的办事体验。

（略）

运用以上连环提示词，就得到了专项工作总结的主要内容。有了上面这些内容，就可以手动组合主标题、帽段、正文段（做法）、问题段、主体段（计划）各部分，形成一篇完整的工作总结了。

第三步：判断、调整、修改内容

到这里，已经有了一份专项工作总结的初稿，剩下的任务就是进行调整、修改了。

例如，这里我们可以对做法的标题进行修改。

【修改标题】提示词：

请按照公文对仗式标题的写法，对下面的【标题】进行修改，使第一个标题与其他三个标题协调一致。

#标题

一、简化流程，提高效率

二、深化协同发展，构建产业链条

三、引入高端要素，增强创新能力

四、持续优化政策，提升服务效能

AI输出：

对仗式标题

一、简化审批流程，提高项目效率

二、深化协同发展，构建产业链条

三、引入高端要素，增强创新能力

四、持续优化政策，提升服务效能

当然，这个标题还可以提炼得更精彩，目前 AI 给出的是个基本合格的标题，要精修到优秀就需要人工了。

二、工作汇报：有的放矢效果好

工作汇报通常是上级领导来下级单位调研，下级单位领导进行汇报时要用到的文稿。当然，即使没有上级领导来，在公司内部做 PPT 汇报前，最好也能按照这个方式先撰写一个汇报稿，这样做 PPT 会比较有逻辑性。

不少人在做工作汇报时，经常陷入一个误区，就是追求全面。因为上级领导难得来一趟，总希望能够把本单位的所有情况都报告给领导。其实，工作汇报要想收获好的效果，一定不要你想说什么就说什么，而是要有的放矢。

怎么才能做到有的放矢呢？我的经验是，对于常见的工作过程要少讲，如开了传达会议、组织学习讨论、进行宣传报道等。这些内容可以用几句话带过去。你要把汇报的重点放在你们单位做了哪些实际工作。在介绍工作的时候，重点要放到特色贯彻举措上，做到详略得当、凸显亮点。

先设定一个任务场景：

你是 H 市政府办公室工作人员，接到上级通知，分管领导近日要来本市调研吸引外资情况，领导要求你撰写一份市领导对上级工作组来市里调研时的汇报材料。

第一步：分析、处理工作问题

作为工作汇报，最重要的是把上级精神弄清楚，明确汇报重点。

工作汇报的对象是上级部门领导，汇报内容是本市吸引外资情况。为此，你需要搜集资料。这里找到了两份文件和一份文件解读，需要你认真研究，这是写作的基本依据。当然，在实际写作中，你还需要了解来调研的上级领导所关注的重点，这里我们就不考虑这个因素了。

文件一：《国务院关于进一步优化外商投资环境加大吸引外商投资力度的意见》。

文件二：《AH省人民政府关于印发进一步优化外商投资环境加大吸引外商投资力度若干措施的通知》。

文件三：省商务厅《国务院关于进一步优化外商投资环境加大吸引外商投资力度的若干措施》政策解读新闻发布会。

我们把这三份文件上传到通义千问，然后输入如下提示词。

【分析文件】提示词：

> 你是省政府政策研究室专家，熟悉经济政策，了解经济运行规律，熟悉省外商投资情况。请综合分析我发给你的三份文件，提出对市一级"优化外商投资环境加大吸引外商投资力度"方面的具体工作指导。要求：详细列举各项措施，指导明确，符合市一级的特点。

AI 输出：

> 根据您提供的国务院的指导意见、省商务厅的政策解读新闻发布会资料以及省人民政府的具体措施，可以综合分析并提出针对市一级如何"优化外商投资环境加大吸引外商投资力度"的具体工作指导。以下是对市一级工作的具体建议：
>
> 一、提升投资促进水平
>
> 重点领域引进外资：聚焦新能源汽车、智能网联汽车、新一代信息技术、生命健康、绿色食品等重点产业，举办专题招商活动，吸引外资进入。
>
> 拓宽利用外资渠道：组织"投资'市名'行"系列招商活动，打造特色品牌，如"'市名'动全球"出海行动、海客圆桌会等，并利用友好城市资源开展合作。
>
> 优化投资促进工作机制：探索招商雇员制、专员制等灵活用

人机制，加强外商投资促进人员队伍建设；每年根据需要组团赴境外开展常态化招商活动。

平台开放功能：发挥本地自贸区、国家级开发区、国际合作产业园区的优势，争取国家政策支持，探索金融、增值电信、医疗和教育等领域的开放创新。

二、优化外商投资服务

（略）

AI结合三份文件给出了对市一级政府的工作指导。当然，这里我想强调的是，这只是一个参考，还需要你根据本市的实际情况，进行分析和增减工作内容。接下来，我们就将这份AI生成的工作指导，作为搭建汇报提纲的依据。

这里可以新开一个通义千问的对话窗口，输入如下提示词。

【生成框架】提示词：

你是H市政府办公室主任，熟悉经济工作，擅长公文写作。请你根据下面的【工作指导措施】要求，列出H市在"优化外商投资环境加大吸引外商投资力度"方面的工作汇报提纲。提纲包括主要情况、存在的问题和有关建议三个部分。其中，主要情况对应【工作指导措施】，存在的问题列举三个具体问题，有关建议列举本市难以解决、需要上级政府协调安排的工作事项。要求：①主要情况部分都列出一、二级标题，每个一级标题下至少列出三个二级标题；②各级标题符合公文对仗形式，简洁清晰；③主要情况的一级标题是由两个分句"做法"+"成效"构成的复句，二级标题是以结果为导向的单句标题；④存在的问题与有关建议基本对应，但文字表述要有区别；⑤仅列出标题即可，不需要列出正文内容。

工作指导措施

一、提升投资促进水平

重点领域引进外资：聚焦新能源汽车、智能网联汽车、新一代信息技术、生命健康、绿色食品等重点产业，举办专题招商活动，吸引外资进入。

（略）

AI 输出：

H市优化外商投资环境加大吸引外商投资力度工作汇报提纲

一、主要情况

（一）提升投资促进水平，增强外资吸引力

1. 专题招商活动成功举办，外资涌入新能源领域

2. "投资H市行"系列活动成效显著，品牌影响力扩大

3. 招商队伍专业化建设，境外招商成果丰硕

4. 平台功能优化升级，开放领域不断拓展

（二）优化外商投资服务，营造便利经营环境

1. 重点项目服务机制完善，问题解决高效顺畅

2. 出入境便利化措施落地，外籍人才集聚效应显现

3. 数据通道建设提速，经营环境更加便捷

（三）加强外商投资保护，构建公平竞争市场

1. 投诉处理机制健全，投资权益得到有效保障

2. 政府采购公平透明，创新研发得到支持

3. 标准制定公开公正，企业参与度提高

4. 知识产权保护强化，市场秩序进一步规范

（四）加大财税支持力度，降低企业运营成本

1. 外贸发展资金到位，重点项目获得支持

2. 研发中心政策优惠，创新能力显著提升

3. 再投资激励政策实施，资金循环利用效率提高

（五）加强组织实施，确保政策措施落实到位

1. 成效评价体系完善，引资效益明显

2. 政策宣传广泛深入，知晓率大幅提高

3. 跟踪问效机制建立，经验做法得以推广

二、存在的问题

1. 专题招商活动覆盖范围有限

2. 外籍员工签证办理流程烦琐

3. 数据跨境流动管理机制尚待完善

三、有关建议

1. 拓宽专题招商活动国际合作渠道

2. 简化外籍员工签证审批程序

3. 建立数据跨境流动安全管理制度

我们可以看到 AI 的内容完成度还是比较高的。对于 AI 生成的工作汇报提纲，你需要进行调整修改，与领导沟通确认提纲后，再进行内容生成。

第二步：套用公式生成内容

工作汇报写作公式：

工作汇报篇章 = 标题 + 引言段 + 主要情况部分 + 存在的问题部分 + 有关建议部分

标题 = 关于【报告事项概括】+ 汇报提纲

引言段 = 指导思想句 + 情况背景句 + 工作思路句 + 总体成效 + 过渡句

主要情况部分 = 汇报事项段 1+ 汇报事项段 2+ 汇报事项段 3……（汇报事项段数量根据主要工作的方面确定）

存在的问题部分 = 问题分析段 1+ 问题分析段 2+ 问题分析段 3+……（3~4 个问题段）

有关建议部分 = 建议段 1+ 建议段 2+ 建议段 3+……（与问题基本对应）

有了经过领导确认的提纲，配上写作公式一起使用，就可以生成内容了。

【工作汇报】提示词：

你是市政府办公室主任，对本市经济发展情况非常熟悉，擅

长公文写作。现在需要你起草一份市长对省领导的工作汇报，内容是关于本市"优化外商投资环境加大吸引外商投资力度"方面的情况。请你按照【工作汇报写作公式】进行撰写，围绕【工作汇报提纲】展开。要求：①各部分内容要有数据支撑，定性表述与定量表达相结合；②语言表达简洁、专业，符合领导讲话的特点；③保持标题不变，拓展延伸标题内容；④字数为 3000 字；⑤请按照工作汇报篇章逐个部分生成，生成内容后跟我确认，再继续下个部分的内容生成，确保字数达到要求。明确任务，回复 OK。

\# 工作汇报写作公式

工作汇报篇章 = 标题 + 引言段 + 主要情况部分 + 存在的问题部分 + 有关建议部分

标题 = 关于【报告事项概括】+ 汇报提纲

主要情况部分 = 汇报事项段 1 + 汇报事项段 2 + 汇报事项段 3……（汇报事项段数量根据主要工作的方面确定）

存在的问题部分 = 问题分析段 1 + 问题分析段 2 + 问题分析段 3 + ……（3~4 个问题段）

有关建议部分 = 建议段 1 + 建议段 2 + 建议段 3 + ……（与问题基本对应）

引言段 = 指导思想句 + 情况背景句 + 工作思路句 + 总体成效 + 过渡句

\# 工作汇报提纲

一、主要情况

（一）提升投资促进水平，增强外资吸引力

1. 专题招商活动成功举办，外资涌入新能源领域

2. "投资 H 市行"系列活动成效显著，品牌影响力扩大

3. 招商队伍专业化建设，境外招商成果丰硕

（略）

AI 输出：

OK。下面开始根据提供的工作汇报写作公式和提纲来起草市长对省领导的工作汇报。

关于本市"优化外商投资环境加大吸引外商投资力度"的工作汇报

引言段

在深入贯彻党的二十大精神和习近平总书记关于对外开放的重要论述指导下，我市积极响应国家号召，以优化外商投资环境、加大吸引外商投资力度为主线，采取了一系列有力举措。面对复杂多变的国际经济形势，我们坚持问题导向，积极应对挑战，着力改善营商环境，取得了初步成效。现将相关工作进展情况汇报如下。

一、主要情况

（一）提升投资促进水平，增强外资吸引力

专题招商活动成功举办，外资涌入新能源领域

今年以来，我市成功举办了新能源产业专题招商会，共吸引了来自10个国家和地区的120余家外资企业参会。通过精准对接，已促成15个重大项目签约，总投资额达30亿美元，其中新能源项目占比超过40%。

"投资H市行"系列活动成效显著，品牌影响力扩大

我们连续组织了三次"投资H市行"系列活动，邀请了近200名国内外知名企业家和投资人实地考察，有效提升了H市的国际知名度。据不完全统计，这些活动直接促成了25个合作项目的意向书签署，预计可带来5亿美元的投资增量。

（略）

AI生成的内容符合提示词的要求，整体内容质量良好，字数基本达标。

第三步：判断、调整、修改内容

有了目前的文件初稿，就可以结合实际工作情况进行充实和细化、优化了。

请注意，在 AI 生成的初稿中的所有工作，都需要结合本市工作的实际情况，调研查阅具体数据，确保汇报内容的具体可靠。这个需要结合地区的实际情况进行修改，这里就不分析讲解了。

在这一节中，你可能发现对提示词和 AI 工具的灵活运用，在很大程度上会影响 AI 生成的效果。你可以多尝试不同的 AI 工具，对比效果并选择最佳的产出内容。

最后，概括一下写好总结和汇报的关键点：总结是自下而上提炼亮点；汇报是自上而下分析重点。在写作过程中记住这两句话，再结合 AI 工具来辅助提炼总结，能够帮你节省大量的时间，把重点放到观点的推敲上，快速写出更高质量的材料。

第三节　如何用 AI 辅助写体会发言

体会发言是单位里常用的一类材料，包括心得体会和座谈发言两种。体会发言这类材料一般 2000 字左右，写出来不难，但要想写好、写出彩，比较难。

难在哪儿呢？体会发言是站在个人角度的一种"表达"，需要用第一人称来写，并且需要真情实感、有内容。但与此同时要注意，体会发言不是写给自己的记录，而是写给上级看、说给领导听的，写的内容需要言之有物，并且能体现出自己的思想水平。

针对体会发言体会不深刻、发言无亮点的问题，可以用 AI 帮助快速理解相关问题、深入分析信息内容，让体会稿和发言稿建立在对问题的认识上，大幅提高写作效率与质量。

一、心得体会：联系实际有干货

心得体会一般以书面形式呈现，这里介绍两种比较有代表性，也是日常工作中最常用的——读书心得和培训体会。

（一）读书心得

请思考：工作之后写读书心得和学生时代写一本书的读后感，两者有什么不同？

工作之后写读书心得，要联系工作实际，把读书心得落到实处，起到促进工作的作用。

另外，写读书心得千万不要追求面面俱到，把一本十几万字甚至几十万字的书的内容，都涵盖进来。写读书心得一定要选对你触动大、印象深的几个点，深度阐释就行，一般2000字，不超过三点。

先设定一个任务场景：

你是G银行A省分行的人力资源部中层管理者，近期分行组织"管理效能提升读书月"活动，读完书之后要写一篇读书心得。你根据书目，选择阅读了彼得·德鲁克的《卓有成效的管理者》这本书。

怎么用AI辅助快速找到写读书心得的要点呢？我们还是按照三步走。先分析问题，再生成内容，最后修改调整。

第一步：分析、处理工作问题

首先，分析这本书的内容与理论启示。

【内容分析】提示词：

> 请分析彼得·德鲁克《卓有成效的管理者》这本书的内容与理论启示。

AI 输出：

> 彼得·德鲁克的《卓有成效的管理者》是一本经典的管理学著作，它强调了管理者如何有效地利用时间和资源来最大化

其组织或团队的产出。以下是该书的主要内容及其理论启示的分析：

主要内容

1. 有效性的定义

德鲁克认为有效性是指使能力与知识资源转化为成果的能力。

有效性不是天赋，而是可以被学习和发展的技能。

2. 管理者的定义

（略）

然后，建立书籍与本职工作的联系。

【职位分析】提示词：

我是一家国有银行省级分行的人力资源部中层管理者，主要负责人力资源规划与管理、招聘与配置、培训开发等工作。请联系上述分析，为我选择《卓有成效的管理者》中与我的本职工作联系最紧密、最有启发的三个理论点，并说明理由，以有序列表形式输出。

AI 输出：

根据您的工作职责，以下是与您本职工作联系最紧密、最有启发的三个理论点，并附上了理由：

1. 重视成果（贡献）

理由：作为人力资源部的管理者，您的工作不仅仅是执行日常的人力资源管理任务，更重要的是通过这些任务为组织带来实际的价值。例如，在招聘时，您需要考虑哪些人才能为银行的发展做出较大贡献；在培训开发方面，您需要设计能够提高员工绩效的项目，从而支持银行的战略目标。通过专注成果和贡献，您可以确保人力资源管理的各项活动都直接支持业务目标的实现。

2. 聚焦重点（优先级设定）

（略）

3. 利用长处（优势利用）

（略）

经过分析，你会在 AI 的帮助下快速找出了读书心得的核心要点。

第二步：套用公式生成内容

读书心得写作公式：

读书心得篇章＝标题＋帽段＋主体子部分 1＋主体子部分 2＋主体子部分 3＋结尾段

标题＝主标题（书名读书心得）＋副标题（心得的核心观点）

帽段＝书籍概况句＋阅读动机句＋书籍主旨提炼句＋初步收获概览句

主体部分＝子标题（体会句）＋段 1（核心观点句＋对观点的理解阐述句＋认知提升句）＋段 2（行业背景句＋实践对接句＋成效预期句）＋段 3（个人现状评估句＋问题发现与剖析句＋工作改善思路句＋具体行动方向句）

结尾段＝综述论点句＋下一步希望愿景句

把上面的读书心得写作公式和 AI 分析得出的理论点一并写入提示词。请注意，这一步需要新开对话框。

【读书心得】提示词：

你是国有银行省级分行人力资源部中层管理者，请结合【阅读体会】内容，按照【读书心得的写作公式】，撰写一篇《卓有成效的管理者》读书心得。要求：①语言表达有思想性，体现个人思考；②内容中不需要出现写作公式中的 ×× 句这样的表述，直接生成内容；③字数为 2500 字。先生成标题和帽段，我确认并输入"OK"后，再生成下一部分"主体子部分 1"，以此类推，每次都需要确认后再继续生成。

#读书心得写作公式

读书心得篇章＝标题＋帽段＋主体子部分1+主体子部分2+主体子部分3+结尾段

标题＝主标题（书名读书心得）＋副标题（心得的核心观点）

帽段＝书籍概况句＋阅读动机句＋书籍主旨提炼句＋初步收获概览句

主体子部分＝子标题（体会句）＋段1（核心观点句＋对观点的理解阐述句＋认知提升句）＋段2（行业背景句＋实践对接句＋成效预期句）＋段3（个人现状评估句＋问题发现与剖析句＋工作改善思路句＋具体行动方向句）

结尾段＝综述论点句＋下一步希望愿景句

#阅读体会

1. 重视成果（贡献）

理由：作为人力资源部的管理者，您的工作不仅仅是执行日常的人力资源管理活动，更重要的是通过这些活动为组织带来实际的价值。

（略）

AI 输出：

《卓有成效的管理者》读书心得：以成果为导向，打造高效人力资源管理体系

帽段：在彼得·德鲁克的经典著作《卓有成效的管理者》中，作者以其深厚的管理学底蕴和丰富的实践经验，为我们揭示了如何成为一名真正有效的管理者。作为一名省级分行人力资源部的中层管理者，我选择阅读这本书的主要原因在于希望通过吸收其精髓来提升自身的工作效能，并为所在机构创造更大的价值。本书的核心理念在于强调管理者应该注重成果、聚焦重点及利用长处。这些原则不仅适用于个人成长，也适用于组织的整体发展。通过学习这些原则，我初步认识到在人力资源管理领域实施这些

理念的重要性，并期待能够在实践中应用这些理念以提升工作效率和团队表现。

　　主体子部分1：

　　子标题：重视成果，为组织创造实际价值

　　段1：在《卓有成效的管理者》一书中，德鲁克强调了管理者工作的最终目的是为组织创造价值。这一理念对我产生了深远的影响。作为人力资源管理者，我的职责不仅仅是完成日常的人事工作，更在于通过人力资源活动促进组织的战略目标实现。这意味着在招聘过程中，我们需要寻找那些具有潜力并且能够为银行带来变革的人才；在培训和发展项目的设计上，我们需要确保这些项目能够提升员工的专业技能和个人能力，从而更好地支持银行的长期发展目标。这种对成果的重视，促使我重新审视人力资源管理的每一个环节，确保它们都能够直接或间接地为银行创造价值。

　　（略）

　　让AI按逐个部分生成内容的好处是，能确保AI按照公式的内容要求生成。这样生成的长度会更加符合要求。当然，也可以让AI一次性生成所有内容，然后再逐个段落进行补充。

　　第三步：判断、调整、修改内容

　　AI生成的内容不一定符合你们单位和你自己的实际，不能直接拿来就用，你可以结合实际情况进行修改。另外，在语言表达上，AI生成的内容中，几乎每句话都要出现"我"，在行文中很多地方可以省略。还有，AI比较喜欢用"首先、其次、最后"这样的连接词，在行文中可以改成"一是、二是、三是"，更符合公文口径。

　　（二）培训体会

　　培训体会，一般是在重要培训之后需要上交的材料。要想把培训体会写好，需要把培训中令人印象深刻的点写清楚，还要把准备如何在自己工作中落地培训内容写到位。培训成果能落地是上级最希望看到的。

培训体会的写作逻辑是：表达感谢＋收获感悟＋规划打算。

先设定一个任务场景：

你是一家国企的办公室工作人员，受领导选派参加了集团为期一周的"AI赋能职场写作"公文写作培训班。在培训结业典礼上，你将代表全体学员进行培训体会交流，现在需要撰写一份培训体会。

第一步：分析、处理工作问题

在培训体会中，重点是"学习体会＋表态打算"，两者都需要与工作相结合。前者需要讲清楚学到了什么对工作有用的内容，后者需要讲清楚以后如何在工作中落实好学习的收获。这里可以让AI来分析培训的重点及启示。

【提炼价值】提示词：

> 我是一名国企办公室工作人员，主要负责公文材料的撰写工作，请你根据下列【培训内容】，综合分析该培训对我在办公室工作的价值点，保留最有价值的四点，以有序列表输出。
>
> ＃培训内容
>
> 第一天：开班仪式与公文写作基础。
>
> 上午：
>
> 开班典礼及自我介绍。
>
> 公文写作概述：定义、特点、种类和格式规范。
>
> AI在公文写作中的应用前景与价值。
>
> 下午：
>
> （略）

AI输出：

> 根据提供的培训内容，可以提炼出作为办公室工作人员在公文材料撰写工作中最有价值的四点：
>
> 1. AI辅助下的公文逻辑构建与语言优化
>
> 利用AI设计公文的逻辑架构，确保内容的连贯性和完整性。

通过 AI 提升公文的语言规范化水平，包括语句通顺度、用词准确性及语气恰当性。

2. 高效处理公文模板与范例学习

学习如何利用 AI 自动匹配和填充公文模板，提高工作效率。

分析并模仿优秀公文案例，通过 AI 加深理解和应用能力。

3. 借助 AI 进行公文审阅与修订

使用 AI 进行关键词检索、错别字检查和敏感信息过滤等审核工作。

应用 AI 提出修改建议并实现自动化修订功能，减少人工校对的工作量。

4. AI 助力公文写作效率提升与团队协作

在协同办公环境中利用 AI 进行多人在线编辑和版本控制。

实现公文流程自动化，包括起草、审批到发布等环节的智能化管理。

这四点不仅能够帮助您提高个人工作效率和工作质量，还能促进团队间的协作，确保公文的准确性和专业性。

接下来，再让 AI 分析下一步工作中应如何应用。

【联系分析】提示词：

结合上述分析，请你列举我接下来在办公室工作中应用培训成果的方向。要注意结合国企办公室工作的特点，列举具体的应用举措。

AI 输出：

根据您在办公室工作的职责以及您参加的公文写作培训的内容，结合国企办公室工作的特点，以下是您可以采取的具体应用举措。

1. 引入 AI 辅助公文写作工具提升文档质量

具体行动：选择适合国企办公室工作使用的 AI 辅助写作工具，如阿里云智能写作等，并组织内部培训，确保每位同事都能熟练运用这些工具来提高公文的质量和写作效率。

效果：通过 AI 的帮助，可以更快速地完成高质量的公文起草工作，并确保内容逻辑清晰、语言规范，从而提高工作效率。

（略）

基于 AI 给我们的这些分析内容，接下来就可以生成文稿了。

第二步：套用公式生成内容

培训体会的写作公式：

培训体会篇章 ＝ 标题 ＋ 帽段 ＋ 收获感悟部分 ＋ 规划打算部分 ＋ 结尾段

标题 ＝"培训项目名称"＋ 培训体会

帽段 ＝ 培训概况句 ＋ 参训原因句 ＋ 表达感谢句 ＋ 培训总体收获句

收获感悟部分 ＝ 段 1（培训体会子标题 ＋ 培训价值点句 ＋ 体会收获句 ＋ 认知提升句）＋ 段 2（培训体会子标题 ＋ 培训价值点句 ＋ 体会收获句 ＋ 认知提升句）＋ 段 3（培训体会子标题 ＋ 培训价值点句 ＋ 体会收获句 ＋ 认知提升句）＋……

规划打算部分 ＝ 承接过渡句 ＋ 段 1（规划打算子标题 ＋ 自身反思句 ＋ 培训成果运用句）＋ 段 2（规划打算子标题 ＋ 自身反思句 ＋ 培训成果运用句）＋ 段 3（规划打算子标题 ＋ 自身反思句 ＋ 培训成果运用句）＋……

结尾段 ＝ 整体培训收获句 ＋ 对职业发展期待愿景句 ＋ 对企业感恩回馈与承诺句

把上文分析的培训价值点和培训成果运用方向，与写作公式一并写入提示词，就可以生成培训体会了。在生成内容的时候，需要新开一个对话窗口。

【培训体会】提示词：

你是一名国企办公室工作人员，擅长公文写作，请你按照【培训体会写作公式】，结合【培训价值点】和【培训成果应用方向】撰写一篇培训体会。培训项目名称是"AI赋能职场写作"，要求：①语言表达有思想性，体现个人思考；②内容中不需要出现写作公式中的××句这样的表述，直接生成内容；③字数为2000字。

#培训体会写作公式

培训体会篇章＝标题＋帽段＋收获感悟部分＋规划打算部分＋结尾段

标题＝"培训项目名称"＋培训体会

帽段＝培训概况句＋参训原因句＋表达感谢句＋培训总体收获句＋过渡句

收获感悟部分＝段1（培训体会子标题＋培训价值点句＋体会收获句＋认知提升句）＋段2（培训体会子标题＋培训价值点句＋体会收获句＋认知提升句）＋段3（培训体会子标题＋培训价值点句＋体会收获句＋认知提升句）＋段4（培训体会子标题＋培训价值点句＋体会收获句＋认知提升句）

规划打算部分＝承接过渡句＋段1（规划打算子标题＋自身反思句＋培训成果运用句）＋段2（规划打算子标题＋自身反思句＋培训成果运用句）＋段3（规划打算子标题＋自身反思句＋培训成果运用句）

结尾段＝整体培训收获句＋对职业发展期待愿景句＋对企业感恩回馈与承诺句

#培训价值点

1. AI辅助下的公文逻辑构建与语言优化

（略）

#培训成果运用方向

1. 引入 AI 辅助公文写作工具提升文档质量

（略）

AI 输出：

"AI 赋能职场写作"培训体会

帽段

参加这次为期一周的"AI 赋能职场写作"培训，不仅让我对 AI 在公文写作领域的应用有了更深刻的认识，也让我意识到在这个快速发展的时代，不断学习新技术的重要性。在此，我要感谢公司提供了这样一个宝贵的学习机会，让我能够在繁忙的工作之余，有机会系统地学习这一前沿技术。总体而言，这次培训极大地丰富了我的知识结构，并为我今后的工作带来了新的思路和方法。

收获感悟部分

段 1

AI 在公文写作中的逻辑与语言优化

通过本次培训，我了解到了 AI 如何帮助我们设计公文的逻辑架构，确保内容的连贯性和完整性。借助 AI，我们可以轻松地梳理出文章的脉络，让每一段落都紧密相连，形成一个有机的整体。此外，AI 还能帮助我们提升公文的语言规范化水平，如自动纠正语法错误、调整语句结构使之更加通顺、流畅。这种体验让我认识到，AI 不仅是一种工具，更是提升自我写作水平的有效途径。

（略）

第三步：判断、调整、修改内容

这篇初稿的标题不太符合公文材料语言表达的风格，可以让 AI 进行修改。

【修改标题】提示词：

请对【收获感悟子标题】进行修改，要求：①改成结果导向的标题句式，表达出学习的具体收获；②按照"AI……，让……更……"的句式修改；③标题字数一致。

#收获感悟子标题

（一）AI技术在公文写作中的逻辑与语言优化

（二）高效处理公文模板与范例学习

（三）借助AI进行公文审阅与修订

（四）AI助力公文写作效率提升与团队协作

AI输出：

根据您的要求，对原有的子标题进行修改如下：

（一）AI优化逻辑语言，让公文写作更精准

（二）AI高效管理模板，让范例学习更便捷

（三）AI智能审阅修订，让公文质量更卓越

（四）AI提速写作流程，让团队协作更流畅

这组标题比较符合公文材料的语言表达风格。按照同样的方式，下面继续修改规划打算部分。

【修改标题】提示词：

请对【规划打算子标题】进行修改，要求：①改成行动导向的标题句式，表达出下一步要努力的方向；②符合公文对仗式标题的要求。

#规划打算子标题

（一）引入AI辅助公文写作工具提升文档质量

（二）建立公文模板库以提高效率

（三）强化公文审核流程以保障合规性

AI 输出：

> （一）应用智能工具，优化公文撰写质量
>
> （二）构建模板资源库，提升文件编制效率
>
> （三）加强审核机制，确保公文合规严谨

请注意，并不是输入同样的提示词，AI 给出的内容都是一样的。所以，你用同样的提示词，生成的内容可能和我的不一样，这很正常。这就是大语言模型的特点，因为它不是按照标准答案输出的。所以，你可以多提示几次，选择你觉得最满意的一组标题。

初稿中表达的分寸问题，也是需要注意的。例如，表态下一步要推动什么工作，是否符合自己的岗位，这个还需要结合实际情况进行调整。

二、座谈发言：选点独到有思考

座谈会是单位常见的一种会议，一般由上级召集。应邀参加座谈是展示工作成绩、交流思想经验、展现个人能力的好机会。参加行业交流、论坛发言，也可以参考 AI 辅助写作的逻辑。

先设定一个任务场景：

你是一家能源类国企新提拔的青年中层干部，在战略规划部门负责相关工作。根据公司安排，五四青年节公司领导要组织这一批新提拔的青年中层干部进行座谈，座谈会的主题是"五四精神，青春担当——共筑 ×× 公司未来新篇章"，每人发言时间为 10 分钟以内。

这次座谈会是领导与新提拔的干部的一次交流，所以座谈会的内容是面向未来的思考，这里更需要你结合未来发展探讨工作应该怎么做。在现实中，也有面向过去的总结性座谈会，还有纯理论研讨的座谈会，写法都类似，举一反三即可。

第一步：分析、处理工作问题

座谈会的主题比较大，如果泛泛而谈，肯定达不到好效果。座谈发言

10分钟以内，按照大约1500字准备，一般只能讲一个核心观点、三个支撑段。

这里可以先让AI替我们找到细分发言主题。

【立意分析】提示词：

> 你是央企总部办公室主任，擅长公文写作，了解国企公文写作特点。我是一家能源类国企青年中层干部，刚刚提拔到战略规划部门负责相关工作。根据公司安排，五四青年节公司领导要组织新提拔的青年中层干部进行座谈，座谈会的主题是"五四精神，青春担当——共筑××公司未来新篇章"，每人发言时间为10分钟以内。请你结合我的身份特点，为我分析并列举5个座谈会发言主题切入点，并进行解释。要求：切入点具体落地，以有序列表形式输出。

AI输出：

> 当然可以。作为一家能源类国企的战略规划部门负责人，您的发言不仅要体现出对五四精神的理解与传承，还要展现出您在企业战略层面的思考和贡献。以下是5个具体的发言主题切入点及其解释。
>
> 1. 青年视角下的企业转型与发展
>
> 解释：从青年一代的角度出发，探讨公司在新能源、清洁能源等领域的转型路径和发展策略。结合国内外先进经验，提出具有前瞻性的建议，展现年轻一代对企业可持续发展的思考。
>
> 2. 创新引领未来——青年在技术创新中的角色
>
> 解释：强调技术创新对企业未来发展的重要性，并分享自己或团队在技术创新方面的尝试与成果。可以涉及数字化转型、智能电网建设等方面的具体案例，展示青年员工如何通过技术创新推动企业发展。
>
> （略）

这里可以看到，AI 在细分主题的时候，很好地结合了战略规划部门的职责，给出了很多好的切入点。我们在这里选择"创新引领未来——青年在技术创新中的角色"这个切入点，继续深入分析。

【分解论点】提示词：

> 请围绕座谈会发言的切入点"创新引领未来——青年在技术创新中的角色"，结合战略规划部门的具体工作，列出三个分论点。分论点要并列阐述青年在技术创新中的某种角色。

AI 输出：

> 围绕"创新引领未来——青年在技术创新中的角色"这一主题，结合战略规划部门的具体工作，您可以考虑用以下三个并列的分论点来展开您的发言。
>
> 1. 青年作为技术创新的探索者
>
> 解释：作为战略规划部门的一员，青年员工应当具备敏锐的洞察力，及时捕捉行业内外的技术发展趋势。这意味着他们需要主动学习最新的科技成果，并探索这些成果如何应用于企业的业务流程中，以提升效率和竞争力。例如，通过参与市场调研、技术论坛等方式，搜集信息并评估新技术的潜在价值。
>
> 2. 青年作为技术创新的推动者
>
> （略）
>
> 3. 青年作为技术创新的传播者
>
> （略）

由于这里只是虚拟了一个情境，对于公司的具体背景、你的职位的具体要求和任务没有做进一步分析，因此 AI 输出的分析内容属于通用性内容。在实际分析中，你可以在提示词中加入公司的情况介绍、你的职位介绍，以便 AI 输出更加精准的内容。

总之，输入的背景信息越多，AI 生成的内容就越贴近你的需求。

第二步：套用公式生成内容

座谈发言写作公式：

座谈发言篇章＝标题＋帽段＋主体段1＋主体段2＋主体段3＋结尾段

标题＝在××座谈会上的发言

帽段＝自我介绍句＋表达感谢句＋过渡句

主体段＝子标题（阐述观点）＋分析论证句＋现状分析句＋关联工作句＋规划打算句

结尾段＝感想总结句＋展望未来句

把上面得到的座谈发言要点和写作公式一起带入提示词，让AI来生成发言内容。注意，为避免上下文干扰，这里生成内容要新开一个对话窗口。

【座谈发言】提示词：

> 你是央企总部办公室主任，擅长公文写作，了解国企公文写作特点。我是一家能源类国企青年中层干部，刚提拔到战略规划部门负责相关工作。根据公司安排，五四青年节公司领导要组织新提拔的青年中层干部进行座谈，座谈会的主题是"五四精神，青春担当——共筑××公司未来新篇章"，每人发言时间为10分钟以内。请你按照【座谈发言写作公式】和【座谈发言要点】为我撰写一篇座谈发言稿。要求：①表达规范，清晰简洁，符合公文类语言的特点；②主体段子标题采用行动导向式标题，三个子标题符合公文对仗标题形式的要求；③字数为1500字。
>
> #座谈发言写作公式
>
> 座谈发言篇章＝标题＋帽段＋主体段1＋主体段2＋主体段3＋结尾段
>
> 标题＝在××座谈会上的发言
>
> 帽段＝自我介绍句＋表达感谢句＋过渡句
>
> 主体段＝子标题（阐述观点）＋分析论述句＋现状分析句＋关联工作句＋规划打算句

结尾段＝感想总结句＋展望未来句

座谈发言要点

1. 青年作为技术创新的探索者

（略）

AI 输出：

在五四青年节座谈会上的发言

帽段：

尊敬的各位领导、同事们：大家好！我是来自战略规划部门的新任中层干部×××，在此五四青年节之际，非常荣幸能有机会与各位共聚一堂，探讨"五四精神，青春担当——共筑××公司未来新篇章"的主题。首先，请允许我对公司领导给予我们青年干部展示才华的机会表示衷心的感谢。接下来，我将结合自己的工作实际，就青年干部如何在技术创新中扮演探索者、推动者和传播者的角色谈一些个人的看法。

主体段1：

一、锐意进取，争做技术创新的探索者

在当今快速变化的能源行业中，技术创新是企业持续发展的不竭动力。作为战略规划部门的一员，我深刻认识到青年员工必须保持对新兴技术的高度敏感性，通过参与国内外的技术交流会议、阅读专业文献等方式，及时捕捉行业内的最新动态和技术趋势。例如，在可再生能源领域，我们需要关注太阳能、风能等清洁能源技术的发展，并思考如何将这些技术更好地融入公司的业务模式之中，以提高能源利用效率，降低生产成本。

（略）

这个座谈相当于展示自己工作规划的发言，让领导看到你的思维水平很重要。这里 AI 生成的内容初稿能够基本满足需求。但是只有 900 多字，可以让 AI 补充内容，保持在同一个对话窗口。

【扩写内容】提示词：

请你对第一段进行扩写，不改变原意，要求达到 500 字。

可以按照这样的提示词，逐个段落要求 AI 进行扩写，直到篇幅合适。

第三步：判断、调整、修改内容

对座谈会而言，标题表明观点，要在标题中加入能让人一听就留下深刻印象的亮点词。在座谈会上，发言可以有一些更加出彩的亮点，这里我们让 AI 模仿"引用型标题"来试试调整一下原标题。

【仿写标题】提示词：

请模仿下面的【引用型标题】，对【座谈会发言标题】进行修改。要求：标题前半句要引用诗句，且保持字数一致。

＃座谈会发言标题

一、锐意进取，争做技术创新的探索者

二、勇挑重担，争做技术创新的推动者

三、广泛传播，争做技术创新的传播者

＃引用型标题

一、激发"敢为天下先"的青春勇气

二、保持"会当凌绝顶"的青春自信

三、涵养"滴水能穿石"的青春定力

AI 输出：

一、秉持"不破楼兰终不还"的进取之心，争做技术创新的探索者

二、肩负"直挂云帆济沧海"的担当之志，争做技术创新的推动者

三、传承"春蚕到死丝方尽"的奉献精神，争做技术创新的传播者

座谈发言是口头表达，可以用比较灵活的标题。这里在标题中引用诗句，能够令人耳目一新，让你在众多座谈发言中脱颖而出，给领导留下好印象。

在这一节中学习了如何用 AI 辅助写体会发言。其中，读书心得、培训体会是面向过去总结出体会，座谈发言的场景则是面向未来进行展望。

最后，总结一下体会发言的写作关键点：体会发言绝对不是空发议论，联系工作才能落地有声。

优秀的体会发言展现你的思考水平、体现你的工作能力。有思考 AI 才能更好地助力写作，你的思考深度决定了 AI 助力的程度。

第四节　如何用 AI 辅助写述职报告

述职报告可以分为员工述职报告和领导述职报告。

一般每年年底，公司或单位都会让员工总结这一年的工作情况、个人成长，这就是员工述职报告。员工述职报告写起来相对自由，没有太多约束。不过，政府、企事业单位在员工述职报告的表达方式上会有比较规范的要求。

领导述职报告是一定级别的领导向上级主管部门报告履职情况，或者是上级领导向下属陈述履职情况。它的内容主要包括回顾和评价工作完成情况、存在的问题、工作的设想等，这个写起来要求比较高，领导也比较重视。

很多人写述职报告，容易写成工作罗列，没有体现自身工作的价值，现在有了 AI，它能帮助我们分析上级的工作要求、快速提炼工作价值，让述职报告更有深度和思想水平。

一、员工述职报告：连接上级、展现价值

员工述职报告容易出现的问题是，简单罗列自己的工作，抓不住重点。一份好的述职报告，一定要让领导看到你做出的成绩，看到你对工作有思

考。这就要求你能把自己的工作与上级的要求挂钩。

先设定一个任务场景：

你是市政府办公室工作人员，到办公室工作刚满一年，从事的都是琐碎的事务性工作。到年底了，需要写一份个人述职报告，你感觉好像乏善可陈。

面对这样的情况，你该怎么办呢？

第一步：分析、处理工作问题

首先，要梳理一下这一年的基本工作情况。这里我用 AI 虚拟了一份工作情况，都是办公室的常见工作，比较琐碎。

个人年度基本工作情况：

1. 公文处理与流转

（1）收发文件：全年共接收上级部门、下级单位及各相关部门来文××份，无一遗漏或延误，确保公文信息及时传递。

（2）拟稿、核稿与签发：参与起草、修订各类政策文件、通知公告、会议纪要等 ×× 份，并完成相应审核流程，保证公文质量与合规性。

（3）公文归档：完成 ×× 份已办结公文的分类、编码、录入电子档案系统工作，实现公文管理信息化、规范化，查阅便捷性提升 ××%。

2. 会议组织与服务

（略）

3. 信息报送与信息公开

（略）

4. 沟通协调与接待工作

（略）

5. 行政后勤管理

（略）

这种比较琐碎的工作，直接写进述职报告，会显得工作缺少价值。这里，你需要把自己的工作和上级的工作挂钩。你可以分析一下上级对机关工作提出的要求，看看如何体现自身的价值。

与你的工作相关的有一份《Y省推进作风革命加强机关效能建设的若干规定》（略），你需要把自己的工作与这份文件关联起来，挖掘一下自身工作的价值点。

把你的工作基本情况和上面这份文件上传到通义千问，然后输入提示词。

【文件分析】提示词：

> 我是市政府办公室工作人员，请结合这两份文件进行分析，对我的个人年度基本工作情况进行价值提炼，要求：①我的工作价值点要与Y省文件精神关联；②将价值点以有序列表进行输出。

AI输出：

> 根据您提供的两份文件内容，我们可以从以下几个方面提炼您的工作价值点，并将其与Y省推进作风革命加强机关效能建设的若干规定的精神联系：
>
> 1. 公文处理与流转
>
> 快速响应上级指示，确保公文信息及时传递，符合Y省文件中关于提高工作效率的要求。
>
> 通过高质量的拟稿、核稿与签发工作，保证公文质量与合规性，体现了"马上就办、真抓实干"的工作作风。
>
> 实现公文管理信息化、规范化，提高查阅便捷性，响应了Y省文件中关于推动政务信息共享、提高"全程网办"比例的精神。
>
> 2. 会议组织与服务
>
> （略）

AI很好地把你的工作与上级文件精神进行了关联分析，你还可以让AI对这些内容再进行提炼概括，形成个人述职报告工作部分的内容要点。这里需要打开一个新的对话窗口。

【提炼亮点】提示词：

> 你是市政府办公室主任，非常熟悉办公室工作的特点，擅长公文写作。请你结合【个人工作情况（价值提炼后）】，梳理个人工作情况，提炼出工作业绩与亮点。要求：①梳理出一、二级标题，标题采用结果导向式，一级标题符合公文对仗式标题的特点，体现做法与成果；②二级标题下列出内容要点，突出与上级精神的关联性。
>
> #个人工作情况（价值提炼后）
>
> 1. 公文处理与流转
>
> 快速响应上级指示，确保公文信息及时传递，符合 Y 省文件中关于提高工作效率的要求。
>
> 通过高质量的拟稿、核稿与签发工作，保证公文质量与合规性，体现了"马上就办、真抓实干"的工作作风。
>
> 实现公文管理信息化、规范化，提高查阅便捷性，响应了 Y 省文件中关于推动政务信息共享、提高"全程网办"比例的精神。
>
> （略）

AI 输出：

> 一、优化公文处理，提升政务运转效能
>
> （一）快速响应上级指示，确保政令畅通无阻
>
> 贯彻落实 Y 省文件精神，确保公文信息在第一时间得到传递与执行。
>
> 强化公文流转效率，实现信息即时反馈与处理。
>
> （二）严格把关公文质量，保障文书合规高效
>
> 高质量完成拟稿、核稿及签发工作，确保公文规范性与准确性。
>
> 践行"马上就办、真抓实干"，提升公文处理速度与质量。

（三）推进公文管理现代化，构建信息共享平台

实现公文管理系统信息化升级，提升信息检索与利用效率。

推动"全程网办"，深化政务信息共享机制建设。

二、强化会议组织服务，确保决策高效执行

（略）

三、加强信息报送公开，提高政务透明度

（略）

四、深化沟通协调机制，展现良好对外形象

（略）

五、精细管理行政后勤，优化资源配置

（略）

这个工作业绩与亮点，就是个人述职报告的主体。在实际写作中，这些内容肯定是需要细化、修改的，以使其符合工作的实际情况。这里就不做修改了，直接进入第二步。

第二步：套用公式生成内容

员工述职报告写作公式：

员工述职报告篇章＝标题＋帽段＋工作业绩与亮点部分＋个人能力与素质提升部分＋存在问题与改进措施部分＋下一步工作展望段

标题＝202×年度述职报告

帽段＝岗位职责句＋年度工作背景句＋工作定位与理念句＋工作自我评价句＋过渡句

工作业绩与亮点部分＝工作业绩段1＋工作业绩段2＋工作业绩段3……（工作业绩段的数量根据工作职责及主要业绩确定）

个人能力与素质提升部分＝理论学习段＋专业技能段＋党风廉政段

存在问题与改进措施部分＝问题分析段1＋问题分析段2＋问题分析段3＋问题分析段4（3~4个问题段）

下一步工作展望段＝工作规划段＋个人职业发展愿景段

把前面提炼出的工作业绩与亮点带入这个公式。

【员工述职报告】提示词：

你是市政府办公室主任，熟悉办公室工作业务，擅长公文写作。我是刚到办公室工作刚满一年的工作人员，请你为我撰写一份年终述职报告。按照【员工述职报告写作公式】，以【个人工作业绩与亮点】为提纲，拓展细化内容。要求：①严格按照员工述职报告写作公式各部分要求进行撰写，不能遗漏；②符合公文语言表达习惯，标题序号层次清晰；③表达内容要谦虚低调，符合工作一年的新人身份；④字数为2500字。

#员工述职报告写作公式

员工述职报告篇章＝标题＋帽段＋工作业绩与亮点部分＋个人能力与素质提升部分＋存在问题与改进措施部分＋下一步工作展望段

标题＝202×年度述职报告

帽段＝岗位职责句＋年度工作背景句＋工作定位与理念句＋自我评价句＋过渡句

工作业绩与亮点部分＝工作业绩段1＋工作业绩段2＋工作业绩段3……（工作业绩段的数量根据个人工作业绩与亮点确定）

个人能力与素质提升部分＝理论学习段＋专业技能段＋党风廉政段

存在问题与改进措施部分＝问题分析段1＋问题分析段2＋问题分析段3＋问题分析段4（3~4个问题段）

下一步工作展望段＝工作规划段＋个人职业发展愿景段

#个人工作业绩与亮点

一、优化公文处理，提升政务运转效能

（一）快速响应上级指示，确保政令畅通无阻

贯彻落实Y省文件精神，确保公文信息在第一时间得到传递与执行。

强化公文流转效率，实现信息即时反馈与处理。

（二）严格把关公文质量，保障文书合规高效

......

（略）

AI 输出：

2023 年度述职报告

帽段：

作为市政府办公室的一名普通工作人员，在过去的一年里，我始终恪守岗位职责，紧跟时代步伐和上级部署，立足本职工作，秉承"严谨细致、求真务实"的工作理念，不断提升自身能力和综合素质，努力为政府机关高效运转贡献自己的力量。通过一年的努力，我认为自己在工作中取得了一定的进步，但仍存在不足之处，需要进一步完善。现将 2023 年度的工作情况总结如下。

工作业绩与亮点部分

一、优化公文处理，提升政务运转效能

在过去的一年里，我积极响应上级指示，确保各项政策文件能够迅速传达并得到有效执行。通过对公文流转程序的优化，显著提高了信息传递的速度和效率，实现了信息的即时反馈与处理。同时，严格遵循公文规范，确保每一份文件的质量，使公文处理更加规范化、高效化。此外，我还积极参与了公文管理系统的信息化升级工作，推动了信息共享平台的建设，极大地提升了信息检索与利用的便捷性。

（略）

第三步：判断、调整、修改内容

当 AI 生成了初稿后，我们要进行调整、修改。例如，字数没有达到 2500 字，可以要求 AI 对相关内容进行补充。另外，对相关工作业绩数据，

还需要手动增加。上面讲的是个人述职报告的一般写作内容框架，如果你所在单位有具体要求，请按照具体要求调整写作公式与提示词。

二、领导述职报告：遵循要求、内容规范

领导述职报告需要在一定的场合进行宣读，要接受有关方面的评议及监督。领导述职的种类很多，有年度综合性述职，也有专项工作述职。无论是哪种，它的基本依据都是上级关于述职的通知。

在领导述职之前，上级负责考核领导干部的部门都会下发通知，明确述职要求。述职报告要严格按照通知的要求进行撰写，不能自行发挥。接下来，我们还是结合案例进行实操演示。

先设定一个任务场景：

你是 B 市电力公司党委办公室工作人员，年底上级党委要考核基础党组织书记抓党建工作的情况，党委书记就相关工作向你进行了交代，你要起草一份公司党委书记抓党建工作的述职报告。

作为党委办公室工作人员，为领导起草相关文稿，要站在领导的高度审视工作，难度较大，还是一步一步来。

第一步：分析、处理工作问题

领导述职报告要贯彻落实上级通知的要求，同时还要把领导的意图充分融入进去。作为虚拟场景，这里我们就不分析领导的意图了。

1. 分析上级文件

我们首先找到上级通知，分析上级通知的要求。这一步可以让 AI 替我们进行深入分析。

你手头拿到了上级下发的《关于做好 202×年度市直公司基层党组织书记抓党建述职评议工作的通知》（略）。下面看一下，如何用 AI 分析述职重点。把文件上传到通义千问，然后输入提示词。

【文件分析】提示词：

你是国企党建工作专家，熟悉国企党建工作的相关要求，请你为

我分析这份文件的内容要点，告诉我哪些是需要重点关注的内容。

AI 输出：

该文件是《关于做好202×年度市直公司基层党组织书记抓党建述职评议工作的通知》，其主要内容可以归纳为以下几个要点：

一、范围对象

市直公司党委书记向市国有资产管理中心党工委述职。

各市直公司下属党组织书记向上一级党组织述职。

实现各级党组织主要负责人述职评议全覆盖。

党组织书记任职3个月内或空缺时，以党组织名义述职。

二、述职内容

（略）

【文件分析】提示词：

在这份文件中，对抓党建述职报告的写作内容和标准，有什么具体要求？

AI 输出：

在这份文件中，对于抓党建述职报告的写作内容和标准有明确的要求。以下是具体的要求概述：

述职内容

1. 突出政治建设

深入学习贯彻习近平新时代中国特色社会主义思想和党的二十大精神。

认真贯彻上级党委决策部署情况。

持续强化新思想理论武装，忠实践行"八八战略"。

健全贯彻习近平总书记重要指示批示和党中央重大决策部署闭环落实机制。

开展"六学六进六争先"学习实践活动。

（略）

分析到这一步，对上级的通知要求，就做到了心中有数。什么是固定要求、哪些是写作重点，都已经很明确了。

2. 掌握工作实情

分析完上级文件，接下来需要围绕上级通知要求关注的重点工作进行具体的党建工作情况搜集。这里需要各部门、各单位提供党建工作情况。当然，最好已经有党建工作总结了。

这里是虚拟情景，我用 AI 生成了 B 市电力公司党建工作情况作为后面生成述职报告的基础材料。

第二步：用 AI 生成内容框架

你可能发现，这里我没有说套用公式。因为，对述职报告来说，内容模块完全要根据上级通知的要求来设定，并没有成规，所以没有公式可以提炼。

因此，这里我们让 AI 来生成一个写作提纲，还是保留在同一对话框中，继续输入提示词。

【生成框架】提示词：

请根据上述分析内容，为我拟定一份抓党建述职报告提纲。

AI 输出：

当然可以。基于您提供的信息和要求，下面是一份抓党建述职报告的提纲示例：

202×年度抓党建述职报告提纲

一、引言

简要介绍述职背景和目的。

强调述职的重要性和意义。

二、突出政治建设

（略）

对上述抓党建述职报告提纲，修改并经领导确认后，带入提示词。

【领导述职报告】提示词：

你是国企党建工作专家，擅长撰写党建工作材料。我是B市电力公司党委书记，根据上级通知的要求，要对202×年度抓党建工作进行述职，请根据【抓党建述职报告提纲】，结合【B公司党建工作情况】，为我撰写一份述职报告。要求：①严格按照抓党建述职报告提纲进行撰写，不能遗漏；②符合公文语言表达习惯，标题序号层次清晰，行文简洁清晰；③字数为2500字。

#抓党建述职报告提纲

202×年度抓党建述职报告提纲

一、引言

简要介绍述职背景和目的。

强调述职的重要性和意义。

二、突出政治建设

（略）

#B市电力公司党建工作情况

一、学习贯彻情况

B市电力公司在过去一年中，通过线上线下相结合的方式，扎实开展各类学习教育活动。线上，依托"学习强国"平台，组织全体党员每日进行理论学习和答题测试，全年累计学习时长达××小时，平均每人学习积分超过××分。线下，举办专题讲座、研讨会共计××场，邀请知名专家学者解读党的重要政策、会议精神，覆盖全体党员。同时，公司党支部组织"读书分享会"××次，撰写读书心得××篇。

（略）

AI 输出：

> 202×年度抓党建述职报告
>
> 一、引言
>
> 1.1 过去一年，在市委市政府和上级党组织的坚强领导下，B市电力公司党委深入贯彻新时代党的建设总要求，坚持把党的领导融入公司治理各环节，以高质量党建引领高质量发展。本次述职旨在全面总结202×年度党建工作成绩，查找不足，明确下一步的努力方向。
>
> 1.2 党建工作是公司发展的根本保障，通过述职汇报，进一步增强责任感和使命感，推动党建工作再上新台阶，为公司发展提供坚强的政治保障和组织保障。
>
> 二、突出政治建设
>
> （略）

AI生成的内容有了比较好的基础。但是内容还不够充实，生成的内容还比较粗略，可以让AI进行补充、完善。

第三步：判断、调整、修改内容

【修改标题】提示词：

> 请结合正文内容，对下面的【标题】进行修改，要求按照"做法＋成效"的句式，保持前半句不变，增加后半句，讲清楚工作成效。
>
> #标题
> 突出政治建设
> 护航中心大局
> 聚焦提质增效
> 抓牢主责主业
> 强化问题导向

AI 输出：

> 根据您的要求，结合"做法 + 成效"的句式，以下是修改后的标题建议：
>
> 突出政治建设，凝聚团队共识与战斗力
>
> 护航中心大局，确保各项任务顺利推进
>
> 聚焦提质增效，实现工作效能显著提升
>
> 抓牢主责主业，促进核心业务持续发展
>
> 强化问题导向，有效解决关键难点问题

AI 生成的标题，已经能够比较好地符合公文的对仗式标题的风格，需要我们做的就是结合本单位的工作，对其中的措辞进行调整。

对正文内容的补充，以第三点为例。

【补充内容】提示词：

> 按照总结类材料【正文段（做法）公式】，对下面的【段落内容】进行修改完善，补充、丰富相关内容，要求有更加具体的措施和数据支撑。
>
> # 正文段（做法）公式
>
> 正文段（做法）= 主题句（Why）+ 支撑句（How）+ 支撑句（What）
>
> # 段落内容
>
> 三、护航中心大局，确保各项任务顺利完成
>
> （一）推动中心工作落实
>
> 重点项目进展：完成了智能电网改造升级项目，确保了供电稳定性和可靠性，全年供电量同比增长 10%。
>
> 经济指标完成情况：超额完成年度经营目标，净利润同比增长 15%，为地方经济发展做出了积极贡献。
>
> （略）

AI 输出：

> 三、护航中心大局，确保各项任务顺利完成
>
> （一）推动中心工作落实
>
> 主题句（Why）：为了确保供电系统的稳定性和可靠性，我们采取了一系列措施以支持中心工作的顺利推进。
>
> 支撑句（How）：通过优化资源配置和加强项目管理，我们提升了项目执行效率，并确保了所有项目都能按时完成。
>
> 支撑句（What）：具体而言，我们完成了智能电网改造升级项目，不仅确保了供电的稳定性和可靠性，而且实现了全年供电量同比增长 10%，为地方经济的发展提供了坚实的电力保障。此外，我们的年度经营目标也得以超额完成，净利润同比增长 15%。
>
> （略）

其他部分，也可以照此操作，让 AI 进行补充，完善，通过这样的补充，这份材料的基本内容就比较充实了。你可以按照这样的方式，对全文进行精细修改。

这节学习了如何用 AI 辅助写述职报告。要特别强调的是，述职报告述的是实际工作，这些不能虚构。对于 AI 生成的内容，只是作为参考，你需要结合实际工作情况进行修改，不能直接拿来就用。

总结一下述职报告的写作关键点：一是上级精神是基本依据；二是工作效果要挖掘亮点；三是总结情况要有理有据。

述职报告是展现自身工作价值的重要材料，写好了能够反映你的思想水平。你可以让 AI 辅助你深度思考，把述职变成展示自己的舞台。

第五节　如何用 AI 辅助写公开信

公开信是政府部门、企事业单位与公众沟通时会用到的一种公文材料，包括感谢信、慰问信、倡议书等。其他与用户沟通场景中需要写的文字材

料，也可以参考本节讲到的 AI 辅助写作方法。

公开信这类公文材料，篇幅一般不长，但是有一定的难度。因为它是面向公众说话，需要写作者字斟句酌，要对问题拿捏得恰到好处，还要有一定的文采，理性与感性相结合，传递真诚的心意，这是其他类型的公文所没有的特点。

一、感谢慰问：情感真挚打动人心

我们先来看，怎么用 AI 辅助写比较常用的两类公开信：感谢信和慰问信。无论是感谢信还是慰问信，它们最突出的特点是情感真挚、感情充沛。那么怎么让文字，尤其是 AI 生成的文字内容，能传递出真诚的情感呢？这就需要你在运用 AI 辅助写作过程中进行专门设计了，如文字的排比与对仗、修辞手法的运用等，这些都是烘托情感氛围的必要手段。

（一）感谢信

最近两年，不少地方文旅火爆出圈，先有淄博，后有哈尔滨。你是否注意到，伴随这些火爆的文旅活动，当地政府部门都面向社会公众发布了感谢信。

淄博发布致广大游客朋友的一封信

亲爱的游客朋友们：

一场始于烟火、归于真诚的邂逅，让八方游人了解淄博、走进淄博，相逢八大局，牵手海岱楼，欢聚烧烤店……让这座古而弥今的城市更富活力、更为温暖。

"进淄赶烤"，是一道联结缘分的桥，是一首彼此温暖的歌，是一幅双向奔赴的景。您赞扬的话、走心的建议，都是对淄博的信任和包容；您带来的人潮、人气，唤起了全城一心的城市荣誉感和凝聚力；您为淄博"人好物美心齐"城市印象"鼓与呼"，让更多人了解这座城市的人文历史、感知这座城市的厚道质朴、看到这座城市努力的样子。感谢您与淄博结下了深厚情，感谢您给淄博注入了正能量，感谢您为淄博传递了好声音。

（略）

淄博市文化和旅游局

2023 年 4 月 26 日

接下来，我们看看如何用 AI 辅助写一封这样有文采、有温度的文旅部门感谢信。

先设定一个任务场景：

假设你是安徽省文旅厅工作人员，根据领导的安排，让你给春节假期来黄山旅游的游客朋友写一封感谢信，要求情感真挚、言之有物，能够吸引更多游客来黄山观光旅游。你平时写规范性的法定公文比较多，这类文稿写得很少，感觉有点难。

别急，还是老办法"三步走"：分析问题—生成内容—修改调整。

第一步：分析、处理工作问题

1. 解析写作风格

我们可以把一些类似的感谢信上传 AI，让 AI 进行分析。这里我把淄博、哈尔滨官方写的两封感谢信上传到通义千问，让 AI 分析这两封信的文学风格。

【文学风格分析】提示词：

> 请从文学风格上综合分析这两封感谢信的文字表达特点，如修辞手法、语言表达等。

AI 输出：

> 两封感谢信分别来自黑龙江省和淄博市，它们各有特色，但都表达了对游客的感激之情。接下来，我们将从文学风格的角度对这两封信进行综合分析。
>
> 黑龙江省致海内外游客朋友们的新年感谢信

169

修辞手法

排比句式："当洁白的雪花漫天飘落，璀璨的冰雕点亮城市角落，天南海北的你们纷至沓来……"通过一系列相似结构的句子，增强了语言的节奏感和画面感。

比喻与拟人：比如"大雪人温暖治愈的笑脸"，赋予非生命体以人的特征，增加了生动性和感染力。

情感共鸣：使用了诸如"您的理解包容，真暖！"等直接的情感表达，拉近了与读者的距离。

语言表达

地方特色鲜明：提到了哈尔滨红肠、马迭尔冰棍等地标性食品及景点，展现了黑龙江独特的地域文化。

口语化与亲切感：如"您的鼓励支持，真顶！"这样的表述显得非常接地气，易于引起共鸣。

重复强调：多次提到"感谢"，强化了信件的主题，同时也表达了对游客深刻的情感。

淄博发布致广大游客朋友的一封信

（略）

通过这些文学风格的分析，我们可以看出这两封感谢信在文字表达上既正式又具有文学性，有效地传达了感谢之情，同时展示了地方的文化和旅游资源，增强了信件的吸引力和感染力。

2. 搜集地域情况

搜集黄山的历史文化背景、自然风光、人文景观、地区特产等信息，也可以用通义千问来完成。

【搜集信息】提示词：

请综合分析黄山的历史文化背景、自然风光、人文景观、地区特产等情况。

AI 输出：

> 黄山，位于中国安徽省南部黄山市境内，是中国著名的风景名胜区之一，也是世界文化和自然双重遗产地。黄山以其奇松、怪石、云海、温泉四绝著称于世，并且在历史上吸引了众多文人墨客前来游览，留下了许多珍贵的文化遗产。
>
> 历史文化背景
>
> 黄山的开发历史悠久，早在唐代就有人文活动的记载。到了宋代，黄山已经成为文人雅士向往的地方。明清时期，黄山的艺术魅力达到了顶峰，许多著名画家，如沈周、董其昌等都曾在此创作，留下了大量以黄山为题材的诗画作品。黄山在中国文化中有着特殊的地位，它不仅是自然美景的象征，也是中国山水画的重要灵感来源之一。
>
> （略）

通过上面两次分析得到的内容，接下来结合写作公式就能生成感谢信了。

第二步：套用公式生成内容

看似散文风格的文旅感谢信，其实也是有规律可循的，可以提取出相应的写作公式。

感谢信（文旅）写作公式：

感谢信（文旅）篇章＝标题＋帽段＋表达感谢段＋服务与改进段＋地方特色介绍段＋扩大邀请段＋未来展望与邀请段＋结束语段

标题＝发文单位＋致 ××＋感谢信

帽段＝诗句＋问候句＋写作目的句

表达感谢段＝感谢观点句＋感谢支撑句

服务与改进段＝坦陈不足句＋改进努力句＋服务承诺句

地方特色介绍段＝历史文化句＋自然风光句＋人文景观句＋地区特产句

扩大邀请段＝扩大邀请范围句＋各地核心特色介绍句（×地所在省）

未来展望与邀请段＝展望未来句＋再次邀请句

结束语段＝诗句＋祝福语

把前两次 AI 分析和搜索得到的内容，与写作公式一起输入提示词。

【感谢信】提示词：

你是省文旅厅公文写作专家，擅长公文材料写作，思路清晰、文笔优美。请你根据【感谢信写作公式】，结合【黄山地域情况】，以安徽省文旅厅的名义，按照【感谢信文学风格】和【感谢信示例】撰写一封感谢信，感谢对象是春节假期来黄山旅游的游客。要求：①按照感谢信写作公式进行撰写，段落内容充实；②把黄山地域情况融入其中，丰富并拓展相关内容；③字数为 1500 字。

\#感谢信写作公式

感谢信（文旅）篇章＝标题＋帽段＋表达感谢段＋服务与改进段＋地方特色介绍段＋扩大邀请段＋未来展望与邀请段＋结束语段

标题＝××地＋致 ××＋感谢信

帽段＝诗句＋问候句＋写作目的句

表达感谢段＝感谢观点句＋感谢支撑句

服务与改进段＝坦陈不足句＋改进努力句＋服务承诺句

地方特色介绍段＝历史文化句＋自然风光句＋人文景观句＋地区特产句

扩大邀请段＝扩大邀请范围句＋安徽各地核心特色介绍句

未来展望与邀请段＝展望未来句＋再次邀请句

结束语段＝诗句＋祝福语

\#黄山地域情况

黄山，位于中国安徽省南部黄山市境内，是中国著名的风景名胜区之一，也是世界文化和自然双重遗产地。

（略）

#感谢信文学风格

两封感谢信分别来自黑龙江省和淄博市，它们各有特色，但都表达了对游客的感激之情。接下来，我们将从文学风格的角度对这两封信进行综合分析。

（略）

#感谢信示例

淄博发布致广大游客朋友的一封信

亲爱的游客朋友们：

一场始于烟火、归于真诚的邂逅，让八方游人了解淄博、走进淄博，相逢八大局，牵手海岱楼，欢聚烧烤店……让这座古而弥今的城市更富活力、更为温暖。

（略）

AI 输出：

黄山致春节假期游客朋友们的感谢信

尊敬的游客朋友们：

帽段

"黄山归来不看岳，奇松怪石云海间。"

春寒料峭之际，我们迎来了新春佳节，值此喜庆之时，安徽省文旅厅谨代表黄山这片神奇的土地，向每一位远道而来的游客朋友致以最诚挚的问候与谢意！

表达感谢段

在这个特别的节日里，您们带着对美好生活的向往，跨越千山万水来到黄山，共同见证了冬日黄山的别样风采。您的每一次驻足，每一声赞叹，都是对我们最大的肯定。您们不仅为黄山带来了热闹与活力，更让我们感受到了人间真情的温暖。

服务与改进段

坦陈不足句：我们深知，春节期间游客数量激增，尽管我们竭尽全力提供优质的服务，但仍存在一些不尽人意之处。例如，部分时段的交通拥堵、餐饮服务等待时间较长等问题，给您的游览体验带来了一定的影响。

改进努力句：对此，我们深感歉意，并已着手改善。春节期间增设了临时停车场，优化了景区内的交通调度系统，并增加了工作人员以提高服务质量。

服务承诺句：我们承诺将进一步提升服务水平，确保每一位游客都能享受到更加舒适便捷的旅游体验。

地方特色介绍段

历史文化句：黄山历史悠久，自古以来便是文人墨客的向往之地。唐代诗人李白曾留下"黄山四千仞，三十二莲峰"的佳句，宋代苏轼亦有"横看成岭侧成峰，远近高低各不同"的赞美。

（略）

安徽省文化和旅游厅

二〇二四年二月十五日

请注意，以上感谢信是在虚构的情境下撰写的，实际日期和具体细节需要根据实际情况进行调整。

AI生成的内容还是很不错的，可以多生成几次，然后选择最佳内容进行组合。因为AI是按照写作公式写的，所以组合起来非常方便。

第三步：判断、调整、修改内容

AI生成的内容，有些涉及出处的信息需要认真核对。

例如，在历史文化句中写道：

宋代苏轼亦有"横看成岭侧成峰，远近高低各不同"的赞美。

苏轼这句诗是形容庐山的，并非黄山。所以，对于这类有具体出处的内容，需要仔细核对一下，避免产生错误。

感谢信中本地开展的工作方面，没有特别具体的描述，可以参考像黑龙江省采用的表述：

全省冬季旅游"百日行动"，推出"十"大主题路线、"百"场美食盛宴、

"千"台文旅盛事和"万"种龙江好物。

像"百日行动"，还有"十、百、千、万"这样的表述，就非常有特色。

【调整修改】提示词：

> 请你丰富服务与改进段的内容，把黄山搞好旅游服务的具体工作，精炼地总结出来。

AI 输出：

> 服务与改进段
>
> 服务与改进句：在黄山，我们致力提供卓越的旅游体验。为此，我们采取了一系列措施来确保每位游客都能享受到高质量的服务。
>
> 提升接待能力：扩大游客服务中心规模，增设多语言咨询服务，确保每位游客都能得到及时有效的帮助。
>
> 完善设施维护：加强对景区内步道、观景台等基础设施的日常维护，确保其安全可靠。
>
> 生态保护：实施严格的环境保护政策，限制游客数量，保护自然资源，推广绿色出行方式。
>
> 智慧旅游：利用先进的技术手段，如智能导览系统、在线预约平台，提高旅游管理效率，减少排队等候时间。
>
> 文化传承：开展多样化的文化活动和展览，让游客深入了解黄山的历史文化背景，增强旅游的文化内涵。
>
> 紧急救援体系：建立健全的紧急救援机制，配备专业救援队伍，保障游客安全。
>
> 通过这些努力，我们旨在为每一位到访黄山的朋友创造一个既舒适又难忘的旅行经历。
>
> 这样的总结涵盖了黄山旅游服务的关键方面，并强调了我们在提供高质量旅游体验方面的具体做法。希望这段文字能够满足您的

需求。如果有任何其他要求或需要进一步修改，请随时告知。

【调整修改】提示词：

> 对上述服务进行概括，用如下句式，让人感觉到工作具体务实。
>
> ＃
>
> 实施……，以……为目标，聚焦……，着眼加强……、……、……，力争实现……，确保全体游客……

AI输出：

> 根据您的要求，以下是按照指定句式的概括内容：
>
> 概括句
>
> 实施"黄山卓越旅游提升工程"，以提供卓越旅游体验为目标，聚焦提升旅游服务质量与环保意识，着眼加强基础设施建设、生态保护、智慧旅游服务，力争实现旅游管理现代化，确保全体游客享受安全、便捷、愉悦的游览体验。
>
> 这样的概括既具体又务实，突出了黄山旅游服务的核心目标和实施的重点工作。

通过在原文中增加这样的概括，能够体现出加强服务的工作思路。再如，对扩大邀请段进行修改。

【调整修改】提示词：

> 请丰富扩大邀请段的内容，增加对安徽其他旅游地区的描述，要有吸引力，以排比形式输出。

AI输出：

> 邀请段：黄山的美不仅在于其独特的自然风光，更在于它作为安徽省众多瑰宝之一的地位。安徽这片土地上，每一处都蕴含

着令人向往的故事与魅力。在这里，您不仅可以体验黄山的云海奇峰，还能领略：

宏村的粉墙黛瓦，宛如一幅流动的水墨画；

九华山的晨钟暮鼓，让人在佛音缭绕中寻找内心的宁静；

天柱山的险峻挺拔，挑战着每一位攀登者的极限；

巢湖的烟波浩渺，仿佛置身于诗意盎然的江南水乡；

琅琊山的苍翠欲滴，漫步其中犹如徜徉在绿色的海洋里；

绩溪的古朴村落，每一砖一瓦都诉说着悠久的历史故事；

安徽，一个充满故事的地方，等待着您的到来，让我们一同探索这片神奇的土地，体验一次心灵之旅。

这里演示的是文旅部门的感谢信的写法，其他类型的感谢信，你可以按照上面详细讲解的分析、拆解的方法，根据实际情况举一反三。

（二）慰问信

慰问信是组织向某个群体表示慰问、问候、关心的书信，通常包含对对方的关怀、问候和安慰。慰问信的适用场景很多，每逢节庆时，如教师节、建军节、春节等，政府部门都会面向教师、军人、广大干部群众发出慰问信。

慰问信没有感谢信的文学色彩那么浓重，语气和用词质朴、真诚，不做过多的修饰。

先设定一个任务场景：

你是 B 市教育局工作人员，教师节即将到来，领导安排你写一份面向全市广大教师、教育工作者和离退休教职工的慰问信。

第一步：分析、处理工作问题

教师节的慰问信要写得不落空，不能只是空对空地表达祝福之意，要向慰问对象汇报这一年来的工作情况，并表达这些成绩的取得与慰问对象的努力密不可分。因此，这里需要搜集整理教育系统的亮点工作。

这里我用 AI 虚拟了一份亮点工作：

B市202×年度教育系统亮点工作的总结

在过去的一年里，我市教育系统深入贯彻党和国家的教育方针，坚持立德树人根本任务，锐意改革，务实创新，各项工作取得显著成效，现将年度亮点工作概括如下：

一、德育体系全面优化。以"三全育人"为导向，构建了涵盖学校、家庭、社会三位一体的德育网络，成功举办"红色基因代代传"主题教育活动，引导学生坚定理想信念。同时，深入推进"师德师风建设工程"，通过专题培训、典型选树等方式，提升教师的职业道德素养，营造风清气正的教育氛围。

二、教学质量稳步提升

（略）

第二步：套用公式生成内容

慰问信写作公式：

慰问信篇章＝标题＋帽段＋背景介绍段＋表扬感谢段＋期望号召段＋承诺与支持段＋祝福结尾段

标题＝发文单位＋致××＋慰问信

帽段＝金句＋问候句＋致谢句

背景介绍段＝良好形势句＋工作措施句＋业绩成果句

表扬感谢段＝慰问对象贡献句

期望号召段＝当前形势句＋号召行动句

承诺支持段＝支持举措句＋承诺目标句

把这份总结好的亮点材料和写作公式带入提示词，就可以生成内容了。

【慰问信】提示词：

> 你是市教育局办公室主任，擅长公文写作，熟悉教育系统的工作情况。请你按照【慰问信写作公式】，结合【B市202×年度教育系统亮点工作的总结】撰写一份市委、市政府致全市广大教师、教育工作者和离退休教职工的教师节慰问信。要求：

①严格按照慰问信写作公式进行撰写；②把教育系统亮点工作融入其中，总结要精炼，体现核心做法和显著的成绩；③字数为1000字。

#慰问信写作公式

慰问信篇章＝标题＋帽段＋背景介绍段＋表扬感谢段＋期望号召＋承诺与支持段＋祝福结尾段

标题＝发文单位＋致 ××＋慰问信

帽段＝金句＋问候句＋致谢句

背景介绍段＝良好形势句＋工作措施句＋业绩成果句

表扬感谢段＝慰问对象贡献句

期望号召段＝当前形势句＋号召行动句

承诺支持段＝支持举措句＋承诺目标句

#B 市 202× 年度教育系统亮点工作的总结

一、德育体系全面优化。以"三全育人"为导向，构建了涵盖学校、家庭、社会三位一体的德育网络，成功举办"红色基因代代传"主题教育活动，引导学生坚定理想信念。同时，深入推进"师德师风建设工程"，通过专题培训、典型选树等方式，提升教师的职业道德素养，营造风清气正的教育氛围。

（略）

AI 输出：

B 市委、市政府致全市广大教师、教育工作者和离退休教职工的教师节慰问信

帽段

在第 39 个教师节来临之际，我们谨代表中共 B 市委、B 市人民政府，向辛勤耕耘在教育战线上的广大教师、教育工作者和离退休教职工致以崇高的敬意和节日的问候！你们是塑造灵魂、塑造生命、塑造新人的时代工匠，是新时代中国特色社会主义伟大事业的重要建设者。

背景介绍段

过去的一年，在全体教育工作者的共同努力下，我市教育事业呈现出蓬勃发展的良好态势。我们以"三全育人"为引领，全面优化德育体系；坚持教育质量为核心，稳步提升教学质量；致力教育资源均衡配置，推动城乡教育一体化发展；不断深化教育公平，确保每个孩子都能享受到优质的教育；加强师资队伍建设，全面提升教师队伍的整体素质；同时，积极构建家校社协同育人机制，形成了全社会关心支持教育的良好氛围。

（略）

中共 B 市委

B 市人民政府

2024 年 9 月 10 日

第三步：判断、调整、修改内容

AI 输出的初稿基本符合要求，但是在具体细节上可能会有问题。

例如，2024 年是第 40 个教师节。这类事实性的细节问题，需要你核对清楚。还有一些内容可能不符合最新的形势，用语可能有些陈旧，需要修改。

【调整修改】提示词：

在期望号召段内，加入"为党育人、为国育才"等类似新的关于教育工作的要求，请综合相关内容进行调整修改。

AI 输出：

当然可以。以下是根据您的要求修改后的"期望号召段"。

期望号召段

当前，面对新时代新要求，我们要深刻认识到教育是国之大计、党之大计。站在新的历史起点上，希望全市广大教师和教育工作者继续发扬爱岗敬业、无私奉献的精神，勇担时代重任，不断提高教育教学质量和水平。我们要坚持为党育人、为国育才，全面贯彻党的教育方针，把立德树人作为教育的根本任务，把服务国家作为最高追求，努力培养更多有理想、有本领、有担当的时代新人。

类似这样的调整、修改，需要你具备一定的业务基础知识，否则你没办法让AI调整你都不知道的知识。

二、号召倡议：热情洋溢鼓舞士气

倡议书是机关、企事业单位或其他团体，为推动某项工作或活动的顺利开展，向社会或有关方面公开提出的、带有号召性建议的一种公文材料。倡议书的写作有很强的针对性，语言需要具备很强的号召力，能够激励相关参与方积极响应。

先设定一个任务场景：

你是A市创建全国文明城市总指挥部办公室工作人员，领导安排你撰写一份面向全市广大市民的倡议书，目的是号召全市人民为文明城市创建贡献力量。

第一步：分析、处理工作问题

首先用AI帮助你分析应该向广大市民发出怎样的倡议、提出怎样的要求。

【分析问题】提示词：

> 你是市创建全国文明城市工作负责人，非常熟悉创建全国文明城市的标准要求，请问如果对广大市民提出要求、发出倡议，应该提出哪些要求。

AI输出：

> 作为创建全国文明城市工作负责人，向广大市民提出的要求

和倡议应当围绕提升城市文明程度、改善市民生活质量的目标展开。以下是一些建议：

1. 文明出行

遵守交通规则，不闯红灯，礼让行人。

文明驾驶，不随意变道、加塞或乱停车。

使用公共交通工具时保持秩序，主动为老弱病残孕及抱小孩的乘客让座。

（略）

AI 输出的内容，条目比较多，显得有些繁杂，你可以让 AI 合并精简。

【压缩内容】提示词：

请将以上内容进行合并处理，综合成 4 个方面，请重新调整逻辑顺序。

AI 输出：

当然，为了更好地组织信息并使其更易于理解和执行，我们可以将上述内容整合为四大方面，并按照一定的逻辑顺序排列。以下是经过整理后的建议：

一、文明行为与公共秩序

文明出行：遵守交通规则，文明驾驶，礼让行人。

文明用语：在公共场所使用礼貌用语，尊重他人，避免大声喧哗。

维护公共秩序：在图书馆、医院等场所保持安静；在排队等候时，自觉遵守秩序，不插队。

二、环境保护与节能减排

（略）

三、社会责任与志愿服务

（略）

四、健康生活与个人发展

（略）

第二步：套用公式生成内容

倡议书写作公式：

倡议书篇章＝标题＋帽段＋倡议段1+倡议段2+倡议段3+……+结尾段

标题＝事由＋倡议书

帽段＝活动（工作）意义句＋倡议过渡句

倡议段＝子标题（倡议点）＋要求句1+要求句2+……

结尾段＝主题句＋号召句

把整理成四个方面的倡议内容与写作公式一起代入提示词。

【倡议书】提示词：

你是市创建全国文明城市工作负责人，熟悉创建全国文明城市的标准要求，擅长撰写公文材料。请你按照【倡议书写作公式】，以【对市民的要求与倡议】为核心内容，撰写一份面向广大市民的倡议书。要求：①严格按照倡议书写作公式撰写；②子标题符合对仗式标题要求，采用行动导向标题；③字数为1500字。

#倡议书写作公式

倡议书篇章＝标题＋帽段＋倡议段1+倡议段2+倡议段3+……+结尾段

标题＝事由＋倡议书

帽段＝活动（工作）意义句＋倡议过渡句

倡议段＝子标题（倡议点）＋要求句1+要求句2+……

结尾段＝主题句＋号召句

#对市民的要求与倡议

一、文明行为与公共秩序

文明出行：遵守交通规则，文明驾驶，礼让行人。

（略）

AI 输出：

创建全国文明城市倡议书

帽段

文明城市，是人民幸福生活的美好家园；文明行为，是城市进步的重要标志。为建设一个环境优美、秩序井然、人和气顺的现代化文明城市，我们诚挚地向全体市民发出如下倡议。

倡议段1：文明出行，礼让有情

遵守交通法规，红灯停、绿灯行，做到文明驾车，礼让斑马线上的行人。

在公共场所使用文明用语，尊重他人，保持言谈举止的得体与优雅。

维护公共秩序，无论是在图书馆还是医院，请保持安静；在排队等候时，自觉遵守秩序，拒绝插队行为。

倡议段2：爱护环境，节能减排

保持环境卫生，不随地吐痰，不乱丢垃圾；积极践行垃圾分类，共同减少污染。

节约资源，从我做起，节水节电，养成绿色低碳的生活方式；提倡使用清洁能源交通工具，降低碳排放。

倡议段3：奉献爱心，服务社会

积极参与志愿服务，为社区和公益事业贡献自己的力量。

诚实守信，树立良好的形象；遵纪守法，不做任何违法之事。

积极参与文化活动，传承优秀传统文化，尊重并保护文化遗产。

倡议段4：健康生活，全面发展

培养健康的生活习惯，加强体育锻炼，提高身体素质。

注重个人卫生，防范疾病传播。

提升自身素养，树立正确的价值观和社会责任感，积极参与城市建设与发展。

结尾段

让我们携手共进，从我做起，从现在做起，共同创造一个更加文明、更加美好的城市。让我们以实际行动响应号召，为创建全国文明城市贡献力量！

由于字数限制，以上内容仅为简略版倡议书。在实际撰写时，每一段落可以进一步展开细节，增加具体实例或数据来支撑倡议的内容，并适当增加鼓励性的语言，使倡议书更加饱满且具有感染力。

AI 严格按照我们的要求输出了倡议书的初稿，完成度还是比较高的。

第三步：判断、调整、修改内容

因为我们这里没有设定是哪座城市，所以 AI 输出的是通用性内容。你完全可以让 AI 加上属于本城市的特色。例如，这座城市是北京。

【调整修改】提示词：

请你在倡议书的开头与结尾，加上与北京有关的内容，以体现北京这座城市的特点。

AI 输出：

帽段

北京，这座拥有三千多年历史的文化名城，不仅承载着厚重的历史积淀，更肩负着新时代文明建设的重要使命。北京作为首都，我们每一位市民都有责任将它建设成为一个环境优美、秩序井然、人和气顺的现代化文明城市。为了实现这一目标，我们诚挚地向全体市民发出如下倡议：

结尾段

让我们携手共进，从我做起，从现在做起，共同创造一个更加文明、更加美好的北京。让我们以实际行动响应号召，为创建全国文明城市贡献力量！在这座古老而又充满活力的城市里，让我们一起书写新的篇章，让北京更加辉煌灿烂！

以上是倡议书的开头与结尾部分，加入了与北京相关的元素，以体现北京这座城市的特点。

我们可以看到，在 AI 输出的内容中，加入了关于北京特色的句子。对于倡议书的其他部分，你还可以结合本地的具体创建工作，特别是薄弱问题环节，让 AI 进行有针对性的修改。总之，修改还是要建立在你对创建文明城市这项工作的了解的基础上。

这节学习了如何用 AI 辅助写公开信和倡议书。这类文章虽然短，但是要写出特色、写出彩还是比较难的，需要一定的文学底蕴、对词句进行精准把握。好在现在有 AI 协助你，即使文笔不是很好，你也能写出不错的效果。

总结一下公开信和倡议书的写作关键点：一是情真意切有文采；二是指向工作不空泛；三是字斟句酌出精品。

无论是公开信还是倡议书，其对象是社会公众，对外发布无小事。你在用 AI 做辅助的同时，一定要记得严格判断，确保不出现错误。

第四章

深度研究：用 AI 辅助搞定复杂写作场景

第一节　如何用 AI 辅助写调研报告

本节开始进入高阶文种的学习。相比之前讲过的通知、汇报、方案、总结等文种，高阶文种更复杂，对写作的要求更高。这不仅对文笔力度有要求，还会涉及思维缜密程度、对工作的思考深度等。

即便你的工作中用到高阶文种的场景不多，也应学习一下用 AI 辅助写作的思维方法。因为这些思维方法是可以迁移到工作中的，对你提高工作效率、提升工作水平会有很大的帮助。

这节先学习如何用 AI 辅助写调研报告。调研报告一般分三类：公务类、市场类和学术类。本节讲解的是公务类，也就是政府部门的调研报告。市场类和学术类调研报告，总体写作思路是相似的。对行业趋势的研究、市场的调研分析、课题立项研究等，都可以参考接下来要讲到的方法。

政府部门的调研报告，一般在内部使用，常见的有某项政策发布后的执行情况调研报告、先进单位经验做法的调研报告、各类产业发展的调研报告等。它的写作目的主要是为决策机关提供客观的信息参考、对策思路参考，或是经验教训的总结，推动工作顺利进行。

写调研报告不是写一篇文章，而是完成一个项目，从调研方案的拟定、调研材料的分析、调研结论的提炼，到形成一份科学完整的调研报告，这里面有比较复杂的人与 AI 协同的过程。

先设定一个任务场景：

这两年，以"贵州村超""淄博烧烤""哈尔滨冰雪季""天水麻辣烫"等为代表，文旅经济出现"网红城市"现象。假设你是安徽省文旅厅的工作人员，领导安排你围绕这个现象组织调研，起草一份文旅产业发展调研报告。

接到这个任务后，你该怎么着手去做呢？我们可以将其细分为调研准备、分析研究、撰写报告三个阶段，然后看看每个阶段，如何用 AI 辅助做好相关工作。

首先说明一下，我不是文旅行业的工作者，有些专业方面的提法不一定完全准确，下面的实操演示，你可以重点关注用 AI 辅助调查研究的方法。

一、用 AI 辅助进行调研准备：贴近实际、针对性强

（一）做好理论准备

这是调研之前很多人会忽视的工作。开展调研前，一定要把上级精神了解清楚，把与调研课题相关的中央和省级各类文件、内部系统文件都找全，充分阅读分析，确保调研符合上级精神。

我们可以让 AI 搜集相关的文件，并进行分析、研究。我们打开秘塔 AI 搜索。

【文件研究】提示词：

> 请你梳理国务院和安徽省关于文旅产业发展的相关文件。

AI 输出：

> 国务院和安徽省在文旅产业发展方面发布了多项重要文件，这些文件包括政策指导、发展规划、具体措施等多个方面。以下是对相关文件的梳理。
>
> 国务院层面
>
> 1. "十四五"旅游业发展规划
>
> 发布日期：2021 年 12 月 22 日
>
> 内容概述：该规划旨在贯彻落实《中华人民共和国国民经济和社会发展第十四个五年规划和 2035 年远景目标纲要》，根据《中华人民共和国旅游法》制定，明确了未来五年我国旅游业的发展方向和主要任务。
>
> （略）
>
> 安徽省层面

1. 安徽省"十四五"文化和旅游发展规划

发布日期：2021 年 8 月 18 日

内容概述：该规划明确了到2025 年，文化旅游成为安徽省经济和社会发展的强大动力和重要支撑，基本建成创新型文化和旅游强省，实施"五六五六"发展举措，按照"一体两翼"工作思路，建设"六大重点工程"，实施"五大行动计划"，打造"六大特色板块"。

（略）

调研中，你是分析问题的主体，必须首先对这项工作的相关问题有所了解，才能更好地借助 AI 进行调研。这里借助秘塔 AI 搜索，进行调研前的文件梳理，了解目前已经有哪些政策措施，哪些已经有共识、有举措，避免在后续的调研中，重复提出已经分析过的问题和已经实施的措施。

这类似写论文时的文献综述，让你对学术界对于某个研究课题的前沿进展有所了解，便于在此基础上进行进一步研究。

（二）确定调研选题

在前面设定的任务中，调研的总目标是总结各"网红城市"文旅产业的经验，找出规律性的内容，为安徽省文旅产业发展提供参考。

"网红城市"是近年来新兴的一种现象，不同于传统文旅产业的发展路径，究竟该如何确定具体的调研选题呢？还是请 AI 来帮助我们确定调研选题的方向。这里使用的是通义千问。

【确定调研选题】提示词：

> 你是一位文旅经济产业专家，非常熟悉文旅行业的发展现状。近两年，以"淄博烧烤""贵州村超""哈尔滨冰雪季""天水麻辣烫"等为代表，文旅产业出现"网红城市"现象。我是安徽省文旅厅工作人员，想围绕"网红城市"现象写一篇关于文旅产业发展的调研报告，请为我提供 5 个调研选题。

AI 输出：

作为一位文旅经济产业专家，针对您所在的安徽省文旅厅的需求，结合"网红城市"现象，我为您设计了 5 个调研选题。这些选题旨在帮助您深入了解文旅产业的发展趋势，并为安徽省文旅产业的发展提供参考。

调研选题一："网红城市"的可持续发展模式研究

背景：探讨如何使"网红城市"不是一时的热点，而是能够实现长期稳定的发展。

内容：研究"淄博烧烤"等案例的成功经验，分析其背后的政策支持、运营管理机制、品牌营销策略等，并结合安徽省内的旅游资源提出可持续发展模式的建议。

调研选题二：数字化营销与地方文旅品牌的塑造

背景：随着社交媒体的普及，数字化营销成为打造地方文旅品牌的重要手段。

内容：分析"贵州村超"等案例中数字化营销的应用，探讨如何利用短视频、直播、社交媒体等渠道推广安徽省的地方文化和旅游资源，提升品牌知名度和影响力。

（略）

AI 提供的选题都比较符合我们的需求，既有宏观选题，也有具体选题。这里我们可以选择第一个调研选题。

（三）设计调研方案

【设计调研方案】提示词：

以第一个调研选题作为调研目标，生成一份完整、详细的调研方案。要求内容详细、具体，具备可操作性。

AI 输出：

一、调研目的

总目标：研究网红城市的可持续发展模式，为安徽省文旅产业提供参考和发展策略。

具体目标：

（1）分析成功案例的形成因素及可持续发展的关键要素。

（2）探索适合安徽省的可持续发展模式和策略。

（3）提出促进安徽省文旅产业长期健康发展的建议。

二、调研范围

地理范围：重点考察山东省淄博市、贵州省、黑龙江省哈尔滨市等地。

案例选择：淄博烧烤、贵州村超、哈尔滨冰雪季等。

时间范围：近5年内发生的典型案例。

三、调研方法

（略）

四、调研步骤

（略）

五、预期成果

（略）

六、预算与资源配置

（略）

这里 AI 输出了一份调研方案初稿、接下来，你可以根据实际工作需要，让 AI 逐步完善这份调研提纲。例如，具体的调研时间、调研地点、调研团队组成等。接下来，这里示范如何用 AI 辅助拟定调研访谈提纲。

（四）拟定调研访谈提纲

开展调研的一个重要方式是发起座谈会、交流会。调研访谈提纲以几个问题的形式呈现，往往会提前发给被调研单位或相关人员。

这里还是让 AI 拟定调研提纲初稿。针对文旅产业发展的调研报告，调研座谈可以分为两个方向：一是与先进省市有关单位座谈，二是与本省相关地市有关单位座谈。两个方向的调研提纲不太一样。

【拟定访谈提纲（外地）】提示词：

你是一位文旅经济产业专家，非常了解文旅行业的发展现状。"网红城市"调研组将到山东省淄博市、黑龙江省哈尔滨市、贵州省榕江县、甘肃省天水市等地进行调研，与当地文旅部门、相关企业进行座谈，探讨分析当地打造"网红城市"的经验和做法。请你结合上述调研方案替我拟定一份访谈提纲。要求紧扣调研主题，问题列举要精准。

AI 输出：

根据您的需求，我为您准备了一份访谈提纲，旨在帮助调研组深入了解各城市在打造"网红城市"方面的成功经验和面临的挑战。以下为针对山东淄博市、黑龙江哈尔滨市、贵州榕江县、甘肃天水市的访谈提纲草案。

一、开场介绍

请您简要介绍一下，您所在单位及您所负责的工作范围。

二、城市基本情况

能否简要介绍一下，您所在城市的自然环境、历史文化背景以及主要的旅游资源？

当地有哪些特色文化或民俗活动可以吸引游客？

三、"网红城市"发展策略

您认为是什么促使当地政府决定打造"网红城市"这一品牌？

（略）

【拟定访谈提纲（本地）】提示词：

你是一位文旅经济产业专家，非常了解文旅行业的发展现状。"网红城市"调研组将到安徽省的黄山市、池州市、六安市、淮南市等地进行调研，与当地文旅部门、相关企业进行座谈，探讨传统文旅产业发展现状、以及对贵州省榕江县、黑龙江省哈尔滨市等"网红城市"的看法。请你结合上述调研方案为我拟定一份访谈提纲。要求紧扣调研主题，问题列举要精准。

AI 输出：

根据您的需求，以下是一份针对安徽黄山市、池州市、六安市、淮南市的文旅产业发展现状，以及对于其他"网红城市"发展经验的看法的访谈提纲。

访谈提纲

一、开场介绍

背景介绍：简要说明调研的目的和意义。

参与人员介绍：介绍调研组成员及其专业背景。

二、当地文旅产业发展现状

1. 旅游资源概述

当地主要的自然和人文旅游资源有哪些？

这些资源如何被开发和利用？

（略）

有了前面的理论准备，在调研提纲的拟定过程中，你可以分析判断问题设置是否合理。这里 AI 生成的访谈提纲比较全面，你要结合实际进行分析，确定访谈最终涉及的问题。

二、用 AI 辅助分析调研材料：全面研究、系统性强

准备工作做好了，接下来就可以启动调研了。调研有两种重要的方式：间接调研和实地调研。

间接调研是指采用文件材料、网络信息搜集等方式进行的调研活动；实地调研就是到当地走访和搜集信息。二者互为补充，都很重要。

（一）开展间接调研分析

有了 AI 工具之后，我们开展间接调研的效率能够大幅提升。还是用秘

塔 AI 搜索进行间接调研分析。

【间接调研】提示词 1：

> 请分析安徽省传统文旅产业的发展情况。

AI 输出：

> 安徽省的文化产业和旅游产业的发展近年来取得了很大的成效，呈现出量质齐升的良好态势。以下是对其发展情况的详细分析：
>
> 2023 年，安徽省签约、开工和投产了 2811 个文旅项目，总投资达 5893 亿元。这些项目的实施不仅提升了基础设施水平，还为地方经济注入了新的活力。
>
> （略）

【间接调研】提示词 2：

> 请分析"网红城市"的兴起原因、主要特征及对旅游者的吸引力。

AI 输出：

> "网红城市"的兴起原因、主要特征及对旅游者的吸引力可以从多个方面进行分析。
>
> 兴起原因
>
> 城市化竞争：随着我国城市化进程的推进，全国各地开始密集进行城市品牌塑造与形象传播，以吸引人才和游客。
>
> 互联网传播媒介：短视频、直播和社交媒体等新媒体平台的兴起，使一些具有独特文化资源和景观的城市迅速走红。例如，西安、重庆和成都凭借其独特的地理风貌和文化特色在社交平台上广受欢迎。
>
> （略）

把秘塔 AI 搜索分析的内容复制到文档中，建立两个文档"安徽省的传统文旅产业发展情况""网红城市的兴起原因、主要特征及对旅游者的吸引力可以从多个维度进行分析"，留待后面生成内容时使用。

在实际调研过程中，这一步我们要尽量多搜集资料信息。对与"网红城市"相关的各种信息进行搜集整理，便于后续分析研究。这里就只示范两个问题的搜索。

（二）开展实地调研分析

由于本书中都是虚拟情境，没办法做实地调研，我们模拟一下实地调研后，已经获得了相关基础材料，要进一步分析时的情况。

这里有本省相关地区实地调研材料 4 份，以及上述 4 个"网红城市"的实地调研材料 4 份。下面，我们要结合间接调研材料进行综合分析，提炼出有关结论。说明一下，本书中使用的这些材料，均是秘塔 AI 搜索获得的资料，在实际调研中是需要通过实地调研来获得的。

📄 文档1 安徽省的传统文旅产业发展情况

📄 文档2 安徽黄山市文旅产业发展方面的情况

📄 文档3 池州市的文旅产业发展情况

📄 文档4 淮南市的文旅产业发展情况

📄 文档5 六安市的文旅产业发展情况

📄 文档6 网红城市的兴起原因、主要特征及对旅游者的吸引力

📄 文档7 贵州村超的兴起原因、主要特征及对旅游者的吸引力

📄 文档8 哈尔滨冰雪季的兴起原因、主要特征及对旅游者的吸引力

📄 文档9 淄博烧烤的兴起原因、主要特征及对旅游者的吸引力

📄 文档10 天水麻辣烫的兴起原因、主要特征及对旅游者的吸引力

首先，把文档 1~5 上传到 AI，让其进行综合分析。

【本地情况分析】提示词：

请结合上述 5 份文档，分析总结安徽省文旅产业发展的现状、

优势和存在的问题。

AI 输出：

安徽省文旅产业发展的现状、优势和存在的问题可以从多个维度进行分析。

现状与优势

1. 政府支持与政策引导

安徽省及各地政府高度重视文旅产业发展，出台了一系列指导意见、政策措施和规划方案，为文旅产业提供了有力的政策保障和资金支持。

例如，池州市和黄山市均设有促进文化旅游产业发展专项资金，黄山市还出台了"文旅十条"等措施。

2. 旅游接待量与收入双增长

（略）

存在的问题

1. 资金保障不足：

黄山市在文化与旅游融合发展过程中，面临着资金保障不足的问题。

（略）

然后，把文档6~10上传到AI，让其进行综合分析。注意，为避免上下文干扰，这里需要新开一个对话框。

【"网红城市"分析】提示词：

请结合上述 5 份文档，分析总结"网红城市"文旅产业发展的基本要素和特点。

AI 输出：

"网红城市"的文旅产业发展基于多种要素和特点，这些要素和特点共同作用，使这些城市能够在短时间内吸引大量的游客和关注。以下是结合"天水麻辣烫""淄博烧烤""哈尔滨冰雪季""贵州村超"，以及多个网红城市的案例，分析总结出的"网红城市"文旅产业发展的基本要素和特点。

基本要素

1. 独特的文化资源

例如，天水的麻辣烫和淄博的烧烤等地方特色美食，哈尔滨独特的冰雪资源，贵州"村超"中的民族文化元素等。

（略）

特点

1. 丰富的活动内容

提供多样化的活动，满足不同游客的需求，如"哈尔滨冰雪季"中的冰雪节庆活动、体育赛事等。

这些活动不仅包括观光游览，还有体验式活动，增强了游客的参与感。

（略）

（三）综合分析提炼对策

针对分析出来的问题，找到相应的对策。这里可以让 AI 为我们尽可能地发散思维，得到更多可能性的对策。

【对策建议】提示词：

请你对比分析【安徽省文旅产业发展的现状、优势和存在的问题】与【"网红城市"文旅产业发展的基本要素和特点】，给出安徽省打造"网红城市"，促进文旅产业发展的对策和措施。

\# 安徽省文旅产业发展的现状、优势和存在的问题

（略）

\# "网红城市"文旅产业发展的基本要素和特点

（略）

AI 输出：

基于安徽省文旅产业发展的现状、优势与存在的问题，以及"网红城市"文旅产业发展的基本要素和特点，安徽省可以采取以下对策和措施来打造"网红城市"，促进文旅产业的发展。

一、强化政策与资金支持

加大财政投入：设立文旅产业发展基金，用于支持重大项目、基础设施建设和人才培养等方面。

完善政策体系：制定更具体、更有针对性的政策措施，如税收优惠、用地支持等。

二、挖掘与打造独特的文化资源

（略）

完成了对调研材料的分析研究，调研报告中的本地现状、存在的问题、外地的经验做法、对策和措施等核心内容已经初步成型了，接下来就是用 AI 辅助写调研报告。

三、用 AI 辅助撰写调研报告：有的放矢、指导性强

调研报告写作公式

调研报告篇章＝标题＋帽段＋基本情况部分＋存在的问题及原因分析部分＋对策措施部分

标题＝关于＋主题概括＋调研报告

帽段＝理论依据句＋调研目的句＋调研过程概况句

基本情况部分＝情况概括段＋正面情况段 1+ 正面情况段 2+ 正面情况段 3+……

正面情况段＝子标题＋工作思路句＋成效支撑句（成果＋数据＋事例＋对比）

存在的问题及原因分析部分＝问题概括段＋问题及原因分析段 1+ 问题及原因分析段 2+ 问题及原因分析段 3+……

问题及原因分析段＝子标题＋问题描述句（表现＋数据＋影响）＋原因分析句（数据＋对比＋事例）

对策措施部分＝对策概括段＋对策段 1+ 对策段 2+ 对策段 3+……

对策段＝子标题＋目标句＋对策措施句

注意，原因是对问题的深层次分析，在有的调研报告中，问题和原因分析也可以分开写。

由于调研报告内容一般比较长，为确保更好的输出质量，需要分部分进行撰写。这里把前面分析得出的相关情况分析、结论观点，与调研报告写作公式，一起放到提示词里，让 AI 为我们撰写调研报告。

【调研报告帽段】提示词：

> 你是省文旅厅办公室主任，擅长撰写公文材料，非常熟悉安徽省文旅产业的发展情况。请你结合【调研方案】，根据【标题和帽段写作公式】撰写调研报告的标题和帽段。要求：①符合公文表达方式，语言简洁清晰；②帽段字数为 500 字。
>
> # 调研方案
>
> ……
>
> （略）
>
> # 标题和帽段写作公式
>
> 标题＝关于＋主题概括＋调研报告
>
> 帽段＝理论依据句＋调研目的句＋调研过程概况句

AI 输出：

> 关于网红城市可持续发展模式的调研报告
>
> 帽段：随着互联网技术的发展与社交媒体平台的普及，越来越多的城市通过独特的文化元素或旅游资源成为"网红"打卡地，这给地方文化和旅游经济的发展带来了新的机遇与挑战。为

深入研究网红城市的可持续发展模式，本调研旨在分析成功案例的形成因素及其可持续发展的关键要素，并探索适用于安徽省的具体发展策略和建议。本次调研覆盖了山东省淄博市、贵州省及黑龙江省哈尔滨市等地的典型案例，如"淄博烧烤""贵州村超""哈尔滨冰雪季"等，通过文献资料搜集、实地考察、深度访谈及问卷调查等方式，全面搜集相关信息，并采用定量与定性相结合的数据分析方法进行综合研究。从2024年9月至2025年5月，历时约9个月，完成了从调研准备到报告撰写的全过程，为安徽省文旅产业的健康发展提供了有力支撑。

【调研报告基本情况部分】提示词：

你是省文旅厅办公室主任，擅长撰写公文材料，非常熟悉安徽省文旅产业的发展情况。请你结合【安徽省的传统文旅产业发展情况】和【安徽省文旅产业发展优势】，根据【基本情况部分写作公式】撰写调研报告的基本情况部分。要求：①符合公文表达方式，语言简洁；②字数为1500字。

安徽省的传统文旅产业发展情况

（略）

安徽省文旅产业发展优势

（略）

基本情况部分写作公式

基本情况部分＝情况概括段＋正面情况段1+正面情况段2+正面情况段3+……

正面情况段＝子标题＋工作思路句＋成效支撑句（成果＋数据＋事例＋对比）

AI 输出：

基本情况部分

情况概括段·

安徽省作为中国东部地区的一个重要省份，拥有悠久的历史文化和丰富的自然资源，近年来在文旅产业方面取得了显著成就。在政府的大力推动和支持下，安徽省文旅产业呈现出蓬勃发展的态势，不仅在项目投资、旅游接待量等方面实现了快速增长，还在智慧文旅、非物质文化遗产保护等方面取得了积极进展。

正面情况段1

政府支持与政策引导

安徽省委、省政府高度重视文旅产业的发展，出台了一系列指导意见和政策措施，为文旅产业发展提供了有力的政策保障和资金支持。例如，池州市和黄山市均设立了促进文化旅游产业发展专项资金，黄山市还特别出台了"文旅十条"等激励措施，有效促进了文旅产业的快速发展。

（略）

【调研报告存在的问题及原因分析部分】提示词：

你是省文旅厅办公室主任，擅长撰写公文材料，非常熟悉安徽省文旅产业的发展情况。请你结合【安徽省文旅产业存在的问题】，根据【存在的问题及原因分析部分写作公式】，紧贴"网红城市"文旅产业发展主题，撰写调研报告的"存在问题及原因分析部分"。要求：①符合公文表达方式，语言简洁清晰；②字数为2000字。

#安徽省文旅产业存在问题

（略）

#存在问题及原因分析部分写作公式

存在问题及原因分析部分＝问题概括段＋问题及原因分析段1＋问题及原因分析段2＋问题及原因分析段3＋……

问题及原因分析段＝子标题＋问题描述句（表现＋数据＋影响）＋原因分析句（数据＋对比＋事例）

AI 输出：

存在问题及原因分析部分

问题概括段

尽管安徽省在文旅产业发展方面取得了显著成绩，但仍存在一些制约其进一步发展的因素。这些问题主要涉及资金保障、专业人才、基础设施、政策支持、旅游资源开发，以及市场竞争等方面。针对这些问题，我们需要深入分析其成因，以便采取有效措施予以解决。

问题及原因分析段 1

资金保障不足

在文化与旅游融合发展过程中，安徽省面临着资金保障不足的问题。表现为部分文旅项目因缺乏足够的启动资金而难以推进，导致项目进度滞后甚至停滞。据统计，2023 年安徽省文旅项目中有超过 20% 的资金缺口未能得到有效补充。资金不足直接影响了项目的实施效果，限制了文旅产业的发展速度和规模。究其原因，一方面是文旅项目前期投入较大且回报周期长，投资者信心不足；另一方面是地方政府财政压力较大，难以提供足够的财政支持。例如，黄山市某大型文旅项目因资金链断裂而延期开工，给当地文旅产业发展带来了负面影响。

（略）

【调研报告对策措施部分】提示词：

你是省文旅厅办公室主任，擅长撰写公文材料，非常熟悉安徽省文旅产业发展情况。请你结合【对策措施】和【"网红城市"文旅产业发展的基本要素和特点】，根据【对策措施部分写作公式】，紧贴"网红城市"文旅产业发展主题，撰写调研报告的"对策措施部分"。要求：①内容丰富、充实，措施具有可操作性；②语言符合公文表达方式，简洁、清晰、明确；③字数为 2000 字。

对策措施

（略）

"网红城市" 文旅产业发展的基本要素和特点

（略）

对策措施部分写作公式

对策措施部分＝对策概括段＋对策段1＋对策段2＋对策段3＋……

对策段＝子标题＋目标句＋对策措施句

AI 输出：

对策措施部分

对策概括段

为了充分利用安徽省丰富的文化和旅游资源，借鉴"网红城市"的成功经验，促进文旅产业的快速发展，现提出以下有针对性的对策措施，旨在全面提升安徽省文旅产业的核心竞争力和发展水平。

对策段1

强化政策与资金支持

目标句：建立健全政策支持体系，加大资金投入力度，为文旅产业发展提供坚实的保障。

对策措施句：

设立文旅产业发展基金，重点支持具有发展潜力的重大项目、基础设施建设和专业人才培养。

制定更加具体、更有针对性的政策措施，如提供税收优惠、用地支持等激励措施，鼓励社会资本投入文旅产业。

加大财政对文旅产业的直接投入，确保资金使用效率，助力重点项目快速落地。

（略）

当 AI 逐个部分生成内容后，你需要做的就是把各部分内容整合到一起，然后进行相应的调整、修改。除了语言文字表达方面的修改，对 AI 生成的调研报告内容，重点要从三个方面进行调整、修改。

（1）核对各种地名、数据情况的准确性。

（2）分析判断 AI 生成的各种观点结论、对策措施的可行性。

（3）调整不符合实际和调研报告特点的表述。

上述修改工作，建立在你对工作的充分了解和判断的基础上，这里就不再示范了。

这是高阶文种的第一个文种，你是不是感觉到了与 AI 协作的难度进一步提升了？要想写好调研报告，必须把这个工作作为一个系统工程来筹划。有了 AI 辅助，过去可能需要大量时间的调研准备、材料分析的工作压力，都会大幅降低。对问题的分析和提出对策，AI 也有较好的表现。

总结一下写好调研报告的关键点：一是系统筹划，充分准备是前提；二是结合实际，分析落地是核心；三是对策措施实用，管用是目标。

把握以上三点，再加上 AI 的鼎力相助，做好周密调研、写好调研报告就不难了。

第二节　如何用 AI 辅助写规章制度

上一节学习了如何用 AI 辅助写调研报告。在调研取得的成果中，有些需要进一步规范的工作内容，经过系统研究论证后，就会变成规章制度。

规章制度是党政机关、企事业单位、各类团体，在本级职权范围内制定、发布的具有行政效力的规范性文件。规章制度的具体类型有很多，如制度、规定、办法、章程、细则、规程等。再具体一些，如《中小学校财务制度》《规范促销行为暂行规定》《国家卫生应急队伍管理办法》等，这些都是政府部门发布的规范性文件。各个企业也会涉及写一些规范性文件，如公司里的财务管理制度、员工考勤管理办法等，都可以参照本节所讲的内容进行写作。

本节重点结合制度进行实操讲解，如规定、办法、细则等，用 AI 辅助写作的方法大同小异，参照运用就可以。

先设定一个任务场景：

你是国有企业 A 公司财务处的工作人员，随着公司规模不断扩大，需要统一管理的固定资产越来越多，亟须建立规范的管理制度。领导安排你制定公司的固定资产管理制度，以提升固定资产的使用效率。

这是一项比较细致的工作，涉及公司的很多方面，要确保制度制定得科学规范、完备合理，需要在制定前就做好研究工作、明确存在的问题。这样才能有的放矢地分析要点，有针对性地拟定出制度文件。

具体怎么做？可以细分为明确问题、确定框架、撰写文件三个阶段，然后用 AI 辅助在每个阶段做好文件相关内容的分析与输出。

一、用 AI 辅助快速找依据、抓重点

（一）确定要解决的问题

A 公司固定资产的管理难度加大，需要完善固定资产管理流程，明确管理职责，确保固定资产管理科学有效。

那么，A 公司在固定资产管理上究竟存在什么具体问题，需要从哪些方面进行规范呢？

在实际工作中，可以采取调研座谈的方式，到各部门、基层单位具体了解情况，来确定本公司存在的具体问题，这是制定出有针对性制度文件的前提。

这里没办法直接进行座谈，我们用 AI 辅助查找一下问题。这里使用的还是通义千问。

【分析问题】提示词：

你是国有企业资产管理处处长，非常了解国有企业固定资产管理的具体要求，请你分析一家规模快速扩大的国有企业，在固

定资产管理上容易出现的问题和漏洞，请描述问题及其成因。

AI 输出：

作为一家快速扩张的国有企业的资产管理处处长，我会关注以下几个方面可能存在的问题及漏洞，并分析其成因：

1. 资产管理流程不规范

问题描述：

随着企业规模的扩大，如果原有的资产管理流程未能及时更新和完善，可能会导致资产管理混乱、效率低下等问题。

成因分析：

增长速度过快：企业管理层未能及时调整策略以适应快速增长的需求。

缺乏专业培训：员工对资产管理的重要性认识不足，缺乏必要的操作培训。

（略）

这里 AI 分析的相关问题，就是我们制定制度时，需要重点关注的问题。

（二）搜集相关法规文件

规章制度的制定都要有法规依据，不能随意制定。接下来我们要做的，就是找到上级关于管理国有企业固定资产的法规文件。这里用 Kimi 智能助手为我们进行文件搜索。

【文件检索】提示词：

请你查找关于国有企业固定资产管理的相关文件，列出文件名称和内容要点。

AI 输出：

根据您的请求，我找到了关于国有企业固定资产管理的相关文件，并列出了以下文件名称和内容要点：

1. 文件名称：《关于加强行政事业单位固定资产管理的通知》

（略）

2. 文件名称：《中华人民共和国企业国有资产法》

（略）

3. 文件名称：《国有公司企业固定资产管理办法》

来源：百度文库

（略）

4. 文件名称：《国务院关于2021年度国有资产管理情况的综合报告》

（略）

5. 文件名称：《企业国有资产监督管理暂行条例》

（略）

对于Kimi智能助手找到的这些文件，你要分辨一下，注意要找法规文件。例如，在上述文件中，第3个文件来自百度文库，并不是官方文件，第4个文件是情况报告，也不是法规文件。只有第1、2、5这三个文件可以作为制定制度的法规依据。

这三个文件要找到原文并下载。这里面有"行政事业单位固定资产管理"的内容，也没有关系，可以作为制定国有企业制度时的参考。

（三）提出有针对性的解决方案

把搜索到的相关文件上传到通义千问，并把分析出的固定资产管理问题一并输入，让它综合分析后，提炼出做好A公司固定资产管理的重点工作。

【综合分析】提示词：

你是国有企业资产管理处处长，非常了解国有企业固定资产管理的具体要求，熟悉国企固定资产管理存在的问题和解决方案。请你根据我上传的三份文件，结合【A公司固定资产管理存在的问题及成因分析】，提出改进A公司固定资产管理重点问题的具体要求。

#A 公司固定资产管理存在的问题及成因分析

（略）

AI 输出：

根据 A 公司固定资产管理存在的问题及成因分析，结合《中华人民共和国企业国有资产法》《企业国有资产监督管理暂行条例》以及《关于加强行政事业单位固定资产管理的通知》的相关内容，下面提出改进 A 公司固定资产管理的重点问题的具体要求。

1. 规范资产管理流程

流程更新：根据《中华人民共和国企业国有资产法》第六条和《企业国有资产监督管理暂行条例》第六条的要求，A 公司应明确由国有资产监督管理机构依法履行出资人职责，确保资产管理流程与最新法律法规相符合。

制度建设：参照《关于加强行政事业单位固定资产管理的通知》第二条，A 公司应建立健全固定资产管理实施办法或分类制定固定资产管理规定，明确资产管理要求，细化管理流程，确保流程清晰、管理规范。

专业培训：组织对相关人员进行资产管理的专业培训，提高其资产管理意识和操作技能。

2. 提升资产数据的准确性

（略）

通过 AI 的分析，提炼出了抓好 A 公司固定资产管理的重点环节，你还需要结合实际工作对相关问题进行进一步分析。这里就以 AI 输出的内容作为推进下一步写作的依据。

二、用 AI 辅助精准定框架、明要点

制度作为具有长期性、稳定性的规范性文件，需要反复推敲框架要点，

等领导和专家确认后，再撰写具体内容。用 AI 辅助生成制度的框架要点的提示词如下。

【生成框架】提示词：

你是国有企业资产管理处处长，非常了解国有企业固定资产管理的具体要求，擅长撰写规章制度。请结合【改进 A 公司固定资产管理重点问题的具体要求】，列出 A 公司固定资产管理规章框架要点。

改进 A 公司固定资产管理重点问题的具体要求

根据 A 公司固定资产管理存在的问题及成因分析，结合《中华人民共和国企业国有资产法》《企业国有资产监督管理暂行条例》以及《关于加强行政事业单位固定资产管理的通知》的相关内容，下面提出改进 A 公司固定资产管理的重点问题的具体要求：

（略）

AI 输出：

基于上述改进 A 公司固定资产管理重点问题的具体要求，以下是 A 公司固定资产管理规章框架要点。

第一章　总则

目的与适用范围：明确规章的目的、适用对象及范围。

基本原则：遵循国家法律法规的基本原则，如《中华人民共和国企业国有资产法》《企业国有资产监督管理暂行条例》等。

第二章　资产管理流程

管理职责：明确各相关部门及人员在资产管理中的职责。

流程更新：根据最新的法律法规更新资产管理流程。

制度建设：

制定固定资产管理实施办法。

分类制定固定资产管理规定。

专业培训：组织资产管理相关培训。

> 第三章 提升资产数据的准确性
>
> （略）

AI 调整完内容后，向领导汇报制度框架和要点，确认无误后再完善细节内容。

三、用 AI 辅助系统写内容、查合规

有了确认好的制度框架和要点，就可以开始用 AI 辅助生成内容了。

（一）依据框架生成内容

【制度】提示词：

> 你是国有企业资产管理处处长，非常了解国有企业固定资产管理的具体要求，擅长撰写规章制度。请依据【A 公司固定资产管理规章制度框架】撰写"A 公司固定资产管理制度"。要求：①采用章条式写法，条文排列逻辑清晰、严谨有序；②内容细化，表达精准，意义明确，有明确具体的可执行要求；③使用的概念、句式、词语符合公文表达的要求；④字数为 4000 字。
>
> #A 公司固定资产管理规章制度框架
>
> 第一章 总则
>
> 目的与适用范围：明确规章的目的、适用对象及范围。
>
> 基本原则：遵循国家法律法规的基本原则，如《中华人民共和国企业国有资产法》《企业国有资产监督管理暂行条例》等。
>
> （略）

AI 输出：

> 由于篇幅限制，我将提供一个精简版的 A 公司固定资产管理制度草案，以符合您要求的框架。您可以根据需要进一步扩展和细化。
>
> A 公司固定资产管理制度

第一章　总则

第一条　本制度旨在规范 A 公司的固定资产管理工作，提高资产管理效率，保障国有资产安全完整，促进国有资产保值增值。

第二条　本制度适用于 A 公司及其全资、控股子公司内的所有固定资产的管理活动。

第三条　A 公司固定资产管理应遵循《中华人民共和国企业国有资产法》《企业国有资产监督管理暂行条例》等法律法规的规定，确保国有资产的有效利用。

第二章　固定资产范围与分类

第四条　本制度所称固定资产是指同时具备以下条件的非流动资产：①为生产商品、提供劳务、出租或经营管理而持有的；②使用寿命超过一个会计年度；③单位价值达到人民币 5000 元以上。

第五条　固定资产按其性质和用途分为以下几类：①土地使用权；②房屋及建筑物；③机器设备；④运输工具；⑤办公家具及其他设备；⑥其他固定资产。

第六条　对于无形资产、长期待摊费用等特殊资产，按照国家相关规定单独管理，并确保其合理摊销和准确核算。

（略）

虽然我们提出字数要达到 4000 字的要求，但是 AI 并没有按照要求执行。这里我们可以逐个部分让它进行细化，以达到可执行的要求。

【细化内容】提示词：

请细化"第一章　总则"，要求内容明确、具体、可执行。

AI 输出：

A 公司固定资产管理制度

第一章 总则

第一条 目的与适用范围

1.1 为了规范 A 公司的固定资产管理行为，加强固定资产的维护与使用，提高资产使用效率，确保国有资产安全完整，特制定本制度。

1.2 本制度适用于 A 公司及其全资、控股子公司内的所有固定资产的管理活动，包括但不限于固定资产的购置、验收、使用、维修、处置等全过程管理。

第二条 基本原则

2.1 遵循国家法律法规的基本原则，包括但不限于《中华人民共和国企业国有资产法》《企业国有资产监督管理暂行条例》等法律法规的要求。

2.2 固定资产管理应当坚持以下原则：

（1）合法性原则：确保所有管理活动符合国家法律、法规及相关政策。

（2）效率原则：通过科学管理提高资产使用效率。

（略）

其他章的内容细化，参照这个提示词即可。"第九章 附则"就不用细化了。当 AI 完成所有部分的细化后，你可以手动组合成一份完整的制度文稿。

接下来根据公司的具体情况进行调整、修改。例如，如果是软件公司，固定资产中就没有"机床""车辆"等。因此，这类固定资产的具体内容，需要符合公司的实际情况，这里我们就不做演示了。

（二）判断内容是否合规

完成调整、修改之后，你千万别觉得完成任务了。作为有行政效力的文件，最后一步是合规审查，要核对这份文件是否有与上级文件规定冲突的地方。因为，在你结合公司的实际情况进行调整、修改的过程中，加入的新内容，可能会存在合规性问题。

这里先把之前撰写制度依据的文档上传到通义千问，然后把上面生成的制度文稿输入对话框，让它比对是否有冲突的地方。

【合规判断】提示词：

> 请对照【A公司固定资产管理制度】与上传的三个文件内容，检查确认该制度是否有与其相冲突、相抵触的地方。
>
> #A公司固定资产管理制度
>
> （略）

AI输出

> （略）

这里就不示范这部分内容了。在完成主要内容撰写后，根据需要，可以添加相关的附件。附件可以是示例、表格、流程图等，可以帮助员工更好地理解制度的内容。最后再强调一点，制度是动态的，它需要随组织的发展和变化定期更新，所以要定期检查制度的适用性和有效性，及时进行修改和完善。

本节学习了如何用AI辅助写规章制度。此类文稿的写作关键在于如何结合上级精神和本级的问题进行系统分析，这需要很强的分析能力。现在有了AI，各种复杂的上级文件规定都可以让AI替我们进行分析、研读，而我们只需要结合实际进行判断就可以了。

总结一下写好规章制度的关键点：一是上级法规是基本依据；二是本级问题是聚焦重点；三是规范具体是执行保证。

把握好这三点，让AI替你去分析、研究材料，写出严密合规的规章制度就比较轻松了。

第三节　如何用AI辅助写理论文章

本节讲解的理论文章，不是长篇的学术性理论文章，而是1000~2000字、适合在报纸上发表的理论文章。这类理论文章，虽然名为理论，但与实际工作是紧密相关的，写作目的也是从理论层面对工作进行指导。因为要公开发表，所以写作难度比较高。

文职人员如果能经常写一写这样的理论文章，可以提升理论联系实际的能力；如果能在媒体上发表，积累属于自己的作品，对自身的成长和发展也大有好处。接下来，重点结合投稿主流媒体的理论文章进行讲解，如果你要写篇幅更长的理论文章，用 AI 辅助的基本逻辑和方法是类似的，参照即可。

先设定一个任务场景：

你是 H 市教育局办公室工作人员，领导要求负责材料工作的同志要加强教育理论学习，每年至少在省级以上媒体发表一篇教育工作相关理论文章。

怎么写好这篇理论文章呢？你需要先确定理论文章的选题，提出比较新颖的观点，然后论证观点，形成文章。

一、用 AI 辅助挖掘选题：激活写作思考

假如你的目标是往《人民日报》理论版投稿。这类主流媒体刊发的理论文章，选题线索在哪里？有两个方向，即最新指示精神和近期宣传重点。

（一）从最新指示精神找选题

理论文章选题的核心依据是高层关于教育工作的最新指示精神。通过搜索《求是》杂志，找到了《扎实推动教育强国建设》，这是近期撰写教育理论文章的基本依据。打开通义千问，让 AI 为我们进行分析。

【分析选题】提示词 1：

> 假如你是《人民日报》理论版资深编辑，非常熟悉《人民日报》理论版文章的写作风格。请你根据我发送的文章，为我列出 10 个教育方向理论文章的选题点。要求：选题切口小，并说明与原文的关系。

AI 输出：

> 根据您提供的文章内容，以下是 10 个适合《人民日报》理论

版的小切口选题建议及其与原文的关系：

1.《浇花浇根，育人育心——新时代思想政治教育一体化建设的实践路径》

与原文的关系：文章提到要推进大中小学思想政治教育一体化建设，提高思政课的针对性和吸引力。此选题可以深入探讨如何在不同教育阶段实现思政教育的有效衔接和创新。

2.《教育公平：从理念到实践——破解城乡、区域教育差距的新思路》

（略）

当然，你还可以让AI输出更多的选题方向供你选择。这里就不生成更多内容了。注意，先不着急确定用哪个选题方向，再来看一下第二个寻找选题方向的办法。

（二）从近期宣传重点找选题

近期宣传重点的线索就藏在你投稿的媒体里。在这个任务场景中是《人民日报》。《人民日报》近三个月刊发的关于教育的新闻、评论，都可以作为理论文章的写作线索。同理，你如果要投稿其他媒体，如你们行业的媒体，都可以按照下面的方法进行。

这里我下载了6个《人民日报》教育版面的PDF文档，用通义千问分析可能的选题方向。我测试了一下，可能由于《人民日报》PDF版有底色，而且排版比较复杂，因此各家大模型暂时都没办法对6个文档同时进行分析处理，这里只能一个版面一个版面地进行分析。即使这样，其实也比自己人工分析要快很多。

【分析版面】提示词：

请仔细分析这个PDF文档中的文章，要求：拆解出每篇文章的标题、核心论点，以有序列表或无序列表形式输出。

AI 输出：

> 根据您所提供的文档内容，可以拆解出以下几篇文章的标题及核心论点。
>
> 第一篇文章：
>
> 标题：传统文化精髓滋养青少年
>
> 核心论点：
>
> 通过体验式的教学方法，如制作风筝、剪窗花等活动，引导学生沉浸式体验中华优秀传统文化的魅力。
>
> 整合多方力量，如家庭、学校和社会，共同促进学生的美育教育。
>
> 通过校本课程和课外活动，让学生在实践中感受非遗文化的魅力，实现美育的目的，进而推动中华优秀传统文化的传承。
>
> 第二篇文章：
>
> （略）

对这 6 个版面逐一进行分析，就能够得到 6 个版面所有的文章及核心论点的拆解，将这些内容全部复制到同一个文档中，然后运用 AI 综合分析得出报纸的近期宣传重点。

【归类梳理】提示词：

> 你是《人民日报》的资深编辑，非常熟悉新闻宣传工作，请你根据我上传的文档（6 个版面的文章标题及核心论点汇总），分析出该报纸近期关于教育工作的宣传重点。

AI 输出：

> 根据您上传的文档内容，我们可以看出《人民日报》近期关于教育工作的宣传重点主要集中在以下几个方面。
>
> 1. 传统文化教育与传承
>
> 重点报道：多篇文章关注传统文化教育的实施与创新，包括

非遗项目的传承（如风筝制作、剪纸技艺）、博物馆教育，以及校内外的各种文化活动。

核心观点：通过体验式教学、技术创新、社会调研等多种途径，将传统文化融入青少年的生活和学习之中，增强他们的文化认同感和文化自信。

（略）

通过这一步分析，我们得到了《人民日报》教育工作领域近期宣传的重点，接下来以此为依据，让AI辅助分析选题。请注意，在把这些宣传重点输入提示词的时候，如果有具体案例需要去掉，以使AI输出更通用的理论文章选题。

【分析选题】提示词2：

你是《人民日报》理论版资深编辑，非常熟悉《人民日报》理论文章的写作风格。请你根据以下【宣传重点】，为我列出10个教育方向理论文章的选题点。要求：选题切口小，并说明与宣传重点的关系。

#宣传重点
《人民日报》近期关于教育工作的宣传重点主要集中在以下几个方面。

1. 传统文化教育与传承

（略）

AI输出：

根据《人民日报》近期关于教育工作的宣传重点，以下是10个教育方向理论文章的选题点及其与宣传重点的相关性。

1. 体验式传统文化教育在中学的实践探索

相关性：本选题聚焦中学阶段开展的体验式传统文化教育项目，如组织学生参与传统手工艺制作、民间艺术表演等，旨在增强学生的文化认同感和文化自信。

2. 数字化平台在促进边远地区教育公平中的应用

相关性：介绍"慕课西部行"等项目如何利用互联网技术缩小城乡教育资源差距，提升偏远地区教育水平和质量。

（略）

（三）与本地特色取交集

现在，我们已经有了从最新指示精神和近期宣传重点发掘的 20 个不同选题，再加上本地特色，就能够得出比较适合的理论文章选题了。为什么要加上本地特色呢？理论文章结合本地实践，写的时候才能言之有物。

假设，H 市的本地特色是在缩小城乡教育资源差距方面做了很多工作，有不少经验成果。从前面两组选题中，我们可以看到这样两个选题：

"教育公平：从理念到实践——破解城乡、区域教育差距的新思路"和"数字化平台在促进边远地区教育公平中的应用"。

可以让 AI 综合分析，为我们确定一个最终选题。

【确定选题】提示词：

> 你是《人民日报》理论版资深编辑，非常熟悉《人民日报》理论文章的写作风格。H 市的特色是在缩小城乡教育资源差距方面做了很多工作，有不少经验成果。请你结合"教育公平：从理念到实践——破解城乡、区域教育差距的新思路"和"数字化平台在促进边远地区教育公平中的应用"两个选题，聚焦 H 市的特色亮点，为我确定一个符合《人民日报》理论文章风格的选题点。注意，选题要符合理论文章的写作风格，不要直接出现 H 市，只是把 H 市的做法提炼出来，成为理论观点的支撑。

AI 输出：

> 为了符合《人民日报》理论文章的写作风格，并且能够提炼出 H 市在缩小城乡教育资源差距方面的经验，我们可以将选题确定为："数字赋能与机制创新：探索教育公平的新路径"。这样的

选题既能涵盖数字化平台的应用，又能突出机制创新的重要性，同时也为其他地区提供了可借鉴的经验。

这个选题点可以这样展开：

数字赋能与机制创新：探索教育公平的新路径

摘要

近年来，我国各地积极探索缩小城乡、区域间教育资源差距的有效途径，特别是在利用信息技术推动优质教育资源共享方面取得了显著成效。本文通过分析一些地方的成功案例，总结了数字化平台在促进边远地区教育公平中的应用模式，并探讨了如何通过制度创新进一步推进教育公平。

正文要点

1. 背景与意义

当前我国教育公平面临的挑战。

实现教育公平的重要性和紧迫性。

2. 数字化平台的作用

数字化平台在提高边远地区教育质量上的具体应用案例。

技术如何克服地理障碍，实现优质教育资源的跨地域共享。

（略）

AI 不仅给出了选题点，还进行了细化分析。接下来，我们就可以围绕选题点构建文章的理论观点框架了。

二、用 AI 辅助架构观点：观点言之成理

一两千字的理论文章的核心是要有一个贴近前沿、富有新意的观点。观点立住了，文章就立住了。围绕上面的选题点，可以让 AI 分析、挖掘核心观点。

【架构观点】提示词：

你是《人民日报》理论版资深编辑，非常熟悉《人民日报》

理论文章的写作风格。请你围绕"数字赋能与机制创新：探索教育公平的新路径"这个选题点，为我列出一篇理论文章的核心观点和 3~4 个分论点。

AI 输出：

当然可以。以"数字赋能与机制创新：探索教育公平的新路径"为主题撰写一篇理论文章，我们可以从以下几个方面来构建核心观点和分论点。

核心观点：

数字技术与制度创新相结合，能够有效促进教育资源均衡分配，推动教育公平，提高教育质量，实现个性化教学，从而构建更加公平、高效、包容的教育体系。

分论点：

1. 数字技术在教育中的应用拓宽了优质资源的覆盖范围

（略）

2. 机制创新保障数字教育资源的公平分配

（略）

3. 利用数字技术促进教师专业发展和教育方法改革

（略）

4. 建立多方参与的协同治理机制，共同推进教育公平

（略）

这里 AI 为我们提供了一个核心观点和 4 个分论点，并且列出了分论点下面的具体要点。可以看出来，质量还是很不错的。当然，你还可以让 AI 多生成几次，选择最符合你要求的观点。

三、用 AI 辅助论证成文：内容言之有物

有了基本观点和结构要点，接下来就可以用 AI 辅助生成理论文章的正

文内容了。

《人民日报》理论文章有比较鲜明的写作风格，我们可以让 AI 分析一下这类写作风格。

【分析文风】提示词 1：

> 你是《人民日报》理论版资深编辑，对于《人民日报》理论文章的文字风格，你会从哪些维度进行分析？

AI 输出：

> 作为《人民日报》理论版的资深编辑，对于理论文章的文字风格，我会从以下几个维度来分析。
>
> 1. 权威性
>
> 理论文章应体现权威性和公信力。这意味着文章需要基于准确的数据、事实和可靠的理论基础，引用权威的研究成果或政策文件，确保信息的真实性和科学性。
>
> 2. 严谨性
>
> 文章的内容应该准确无误，逻辑清晰，论据充分，避免使用模糊不清或带有个人色彩的表达。理论文章应避免主观臆断，确保每个观点都有理有据。
>
> 3. 时代感
>
> 理论文章应当紧密联系当前的社会现实和发展趋势，反映时代的要求和人民的心声。这要求作者具有敏锐的时代洞察力，能够把握社会发展的脉搏。
>
> 4. 深度与广度
>
> 好的理论文章不仅要有一定的学术深度，探讨问题的本质和根源，还应具备广泛的视角，考虑到问题的多方面影响，以及不同群体的需求和利益。
>
> （略）

【分析文风】提示词2：

> 接下来，请按照这些维度，对我上传的三篇《人民日报》理论文章进行综合分析。

AI输出：

> 为了进行综合分析，我们将从以下几个维度来审视这三篇《人民日报》理论文章。
>
> 1. 政策导向性
>
> 这三篇文章都体现了较强的政策导向性，特别是强调了中国共产党的领导和社会主义办学方向的重要性。
>
> 《始终坚持为党育人、为国育才》强调了在中小学校建立党组织领导的校长负责制，把政治标准和政治要求贯穿办学治校、教书育人的全过程。
>
> 《融入立德树人、学术研究、文化交流》提到高校应当深入学习贯彻习近平文化思想，把中华优秀传统文化传承发展融入各项工作中。
>
> 《充分发挥地方师范院校作用 培养造就高素质专业化的教师队伍》强调了地方师范院校在教师队伍建设中的重要作用以及如何更好地服务于国家教育发展战略。
>
> 2. 文化传承性
>
> （略）

【分析文风】提示词3：

> 我们将上述风格定义为"人民体理论文章风格"，可以吗？

AI输出：

> 当然可以。我们可以将这种风格定义为"人民体理论文章风格"，并且可以从以下几个方面来概括这一风格的特点。

1. 政策导向性强

这类文章通常围绕党和国家的重大政策、重要会议、领导人讲话等内容展开，旨在宣传和解读中央的决策意图，强调政策的权威性和指导性。

（略）

因为要写教育类理论文章，因此这里我上传的是《人民日报》刊发的三篇教育类理论文章。通过上面的分析，AI对这类文章有了充分理解，接下来就可以输入观点，让AI生成理论文章初稿了。

【理论文章】提示词：

接下来，我会给你理论观点，请按照"人民体理论文章风格"为我撰写一篇理论文章。明确了任务，请你回复OK。

AI回复"OK"后，你就可以把前面得到的主题论点、和分论点直接输入AI。

但有时候，AI可能出现理解混乱的情况，在你还没有输入论点之前，就直接生成文章。这时候，你可以直接问它"我没有给你观点，你在写什么？"，这样它就会回到正轨。

AI 输出：

根据您提供的主题和核心观点，下面是一篇符合"人民体理论文章风格"的文章草稿。

数字赋能与机制创新：探索教育公平的新路径

《人民日报》

在当今时代，教育公平不仅是社会进步的基础，也是国家竞争力的关键所在。习近平总书记指出："教育是民族振兴、社会进步的重要基石，是功在当代、利在千秋的德政工程。"随着数字技术的飞速发展，我们迎来了一个前所未有的机遇——利用数字技术与制度创新相结合，有效促进教育资源均衡分配，推动教育公平，提高教育质量，实现个性化教学，构建更加公平、高效、包容的教育体系。

数字技术在教育中的应用拓宽了优质资源的覆盖范围

利用"互联网＋教育"模式，打破地域限制，让偏远地区的学生也能享受到优质的教育资源。在线课程、虚拟实验室等，不仅弥补了传统教育中师资力量不足的问题，还能根据不同学生的需求提供个性化的学习体验。借助大数据分析，精准识别学生的学习需求和困难点，提供个性化的学习建议和支持，使每个孩子都能得到适合自己的教育。

（略）

在AI生成的内容中，还要特别重视引言段和各段中的主题句，要通过查阅分析当前最新的中央精神，确保不出现引述陈旧、错讹等问题。

AI输出的初稿，字数一般较少，细节不够丰富，可以继续让AI丰富、完善内容。

【调整完善】提示词：

请丰富、完善对策分析段1，要求对策更加具体落地。

＃对策分析段1

数字技术在教育中的应用拓宽了优质资源的覆盖范围

利用"互联网＋教育"模式，打破地域限制，让偏远地区的学生也能享受到优质的教育资源。在线课程、虚拟实验室等，不仅弥补了传统教育中师资力量不足的问题，还能根据不同学生的需求提供个性化的学习体验。借助大数据分析，精准识别学生的学习需求和困难点，提供个性化的学习建议和支持，使每个孩子都能得到适合自己的教育。

AI 输出：

数字技术在教育中的应用拓宽了优质资源的覆盖范围

利用"互联网＋教育"模式，打破地域限制，让偏远地区的学生也能享受到优质的教育资源。

1. 建设高质量在线课程平台

构建国家级在线课程平台，汇聚优质教育资源，确保内容丰富多样且符合教育标准。

开发适合不同年龄段学生的在线课程，涵盖基础学科及兴趣拓展课程，满足多样化学习需求。

2. 推广虚拟实验室和模拟环境

利用虚拟现实（VR）、增强现实（AR）技术，创建虚拟实验室和模拟环境，让学生能够进行安全、低成本的实验操作。

为偏远地区学校配备必要的硬件设施，如VR头盔、平板电脑等，确保学生能够顺利接入虚拟实验室。

（略）

这里具体的措施内容有了，你可以让AI再把内容压缩到为500字左右。

【压缩内容】提示词：

请对上述内容进行整合，不改变关键内容，去掉数字序号，连贯形成一段文字，要求字数为500字。

AI输出：

当然，以下是整合后的文字，去除了数字序号，并保持了内容的连贯性。

利用"互联网＋教育"模式，我们正逐步打破地域限制，让偏远地区的学生也能享受到优质的教育资源。为此，我们构建了国家级在线课程平台，汇聚了丰富的优质教育资源，确保内容既符合教育标准，又覆盖各个年龄段学生的不同需求。通过开发在线课程和兴趣拓展课程，不仅弥补了传统教育中师资力量不足的问题，还能根据不同学生的需求提供个性化的学习体验。同时，

> 我们推广了虚拟实验室和模拟环境，利用虚拟现实（VR）、增强现实（AR）技术，让学生能够在安全、低成本的环境中进行实验操作。为偏远地区的学校配备了必要的硬件设施，确保学生能够顺利接入虚拟实验室。
>
> （略）

在上述文字中，要去掉"我们"这样的主语，改变做法的陈述时态，变已经做了为客观做法阐述，就能得到一段比较客观的理论性措施文字：

利用"互联网＋教育"模式逐步打破地域限制，让偏远地区的学生也能享受到优质的教育资源。构建国家级在线课程平台，汇聚优质教育资源，确保内容既符合教育标准，又覆盖各个年龄段学生的不同需求。开发在线课程和兴趣拓展课程，弥补传统教育师资力量不足的问题，根据不同学生的需求提供个性化的学习体验。推广虚拟实验室和模拟环境，利用虚拟现实（VR）、增强现实（AR）技术，让学生能够在安全、低成本的环境中进行实验操作。为偏远地区的学校配备必要的硬件设施，确保学生能够顺利接入虚拟实验室。开展远程同步课堂项目，组织优秀教师通过视频直播的方式为偏远地区的学生授课，共享优质师资资源。采用高清视频会议系统，确保师生间的实时互动，提高远程教学的效果。利用大数据分析技术，对学生的在线学习行为进行跟踪和分析，及时发现学习难点和兴趣点。根据分析结果推送定制化的学习资源和练习题，确保每位学生都能获得有针对性的支持。为每位学生建立电子学习档案，记录其学习历程、成绩变化和个人成长轨迹，并定期向家长和教师反馈学生的学习进展，便于及时调整教学策略。为确保所有学生都能无障碍访问在线教育资源，在偏远地区加大网络基础设施投入，铺设宽带网络，提供免费或低价的数据流量包，减轻学生家庭的负担。

像这样逐个操作，对措施段进行丰富和扩充，整体内容就会比较充实、完善，这里就不一一展示了。

本节学习了如何用AI辅助写理论文章。这类往媒体投稿的理论文章，难在找到契合当前形势、符合媒体需要的好的选题，且选题应具有一定的理论创新性。AI可以为你提供选题和观点的借鉴，但是最终做判断，确认最优选题和观点还得靠你自己。写好理论文章，离不开你平时的理论储备，这点AI也不能越俎代庖。

总结一下写好理论文章的关键点：一是选题契合上级精神；二是观点具有创新亮点；三是虚实结合措施落地。

把握上述三点，充分发挥 AI 的论点发散能力，加上你的理论判断力，勤加练习写出好的理论文章就不难了。

第四节　如何用 AI 辅助写领导讲话

本节讲述用 AI 辅助写的最后一个文种——领导讲话。之所以把领导讲话放到最后，是因为这是所有公文材料中最难的一种。领导讲话稿有三难：

第一难，"小兵说大话"。只有站在领导的角度思考问题，把自己当成领导想问题、出思路，才能写出让领导满意的讲话稿。这需要有较高的理论水平，善于思考，有前瞻视野。

第二难，领导想法多。前面讲过的绝大部分公文类型，聚焦的都是"事"，处理的主要是工作问题。领导讲话直接加入了"人"的因素，变数就增加了。这需要有很强的沟通能力，知道领导想要表达的是什么。

第三难，讲话类型多。领导讲话的类型可以说是公文材料中最丰富的，根据不同的场合、对象和用途，大致可分为动员部署、总结报告、传达贯彻、研讨辅导、表彰号召、社交礼仪六大类。我们了解学习这些类型没有捷径，多看多写才是正道，都写过就心中有数了。

当然，本节内容肯定没办法穷尽所有的领导讲话类型，下面我将以动员部署类的领导讲话为例，教你如何用 AI 辅助思考并撰写，其他类型的领导讲话可以参照此方法，举一反三。

先设定一个任务场景：

你是 H 市科技局工作人员，近期 H 市要召开全市人工智能产业推进会，局领导安排你为市领导起草会议讲话代拟稿，具体怎么写，市领导是什么思路，都没有明确说明。

在产业推进会上的领导讲话，需要对相关工作提出要求、明确工作重点。怎么写好这篇领导讲话呢？需要你先研究透彻讲话涉及的工作是什么，在这个基础上确定讲话稿的写作思路，撰写讲话稿。

一、用 AI 辅助工作研究：博采众长有见地

领导讲话不是领导发表个人看法，而是代表机关、领导集体来研究和部署相关工作，因此首先必须把工作研究透。研究工作分三个方面。

（一）上级怎么说

先用秘塔 AI 搜索进行广泛搜索分析。

【搜索上级精神】提示词：

> 请你梳理习近平总书记对人工智能领域的指示精神。

AI 输出：

> 习近平总书记对人工智能领域的指示精神主要集中在以下几个方面：
>
> 习近平总书记强调，人工智能是引领这一轮科技革命和产业变革的战略性技术，具有溢出带动性很强的"头雁"效应。他指出，加快发展新一代人工智能是我们赢得全球科技竞争主动权的重要战略抓手，是推动我国科技跨越发展、产业优化升级、生产力整体跃升的重要战略资源。
>
> （略）

【搜索文件】提示词：

> 请你梳理国内关于人工智能领域的政策文件。

AI 输出：

> 国内关于人工智能领域的政策文件主要包含发展规划、示

范应用场景建设、产业标准化、立法与监管等方面。以下是详细梳理。

1.《新一代人工智能发展规划》

由国务院于2017年发布，提出了面向2030年我国新一代人工智能发展的指导思想、战略目标、重点任务和保障措施，部署构筑我国人工智能发展的先发优势，加快建设创新型国家和世界科技强国。

2. 示范应用场景建设

科技部发布了《关于支持建设新一代人工智能示范应用场景的通知》，以加快推动人工智能应用，助力稳经济，培育新的经济增长点。

（略）

通过这样的搜索梳理，你基本上可以掌握当前上级在人工智能方面的最新精神。这里需要对相关文件进行下载保存，以便接下来进行分析使用。

在实际工作中，不仅要通过互联网搜索相关文件，还要通过内部文件检索相关文件信息，以确保对上级精神的充分把握。这是写好讲话稿的前提条件。

具体到写稿时，开篇第一段的内容需要把习近平总书记的指示精神写进去。在措施里，需要落实上级文件要求。

（二）领导怎么看

这里的领导指的是本次讲话的领导。该领导对这项工作的看法，是决定讲话内容的重要因素。

在设定的任务场景中，科技局负责写领导讲话代拟稿的工作人员，一般情况下不能向市领导直接请示写作思路。遇到这种情况怎么办？你可以对领导过去的讲话内容进行分析，看看领导之前对本领域的工作有哪些提法、观点，有过哪些指示。把领导的指示上传给AI，提示词如下。

【分析指示重点】提示词：

> 你是市政府办公室主任，擅长撰写领导讲话等公文材料。请你为我分析上传的文档中，A领导对人工智能产业发展提出的指示要求。

这里领导的看法就不分析了，假设市领导的指示要求可以概括成一句话：把H市打造成全国人工智能产业发展高地。这个指示要求，后面要贯彻到整个讲话中，作为写作主题。

（三）工作怎么干

工作本身的发展规律是怎样的，应该如何推进？对这些问题的研究分析更加重要。特别是对一些创新型工作，讲话的领导之前可能也没有特别明确的指示。因此，当你不清楚领导的思路时，盲目揣摩不如在工作研究上多下一些功夫。只有把工作研究清楚，才能抓住问题的要害，写出来的讲话稿才能解决实际问题、推动工作落实。

对刚才搜集的政策文件进行梳理，既有上级的指导性文件，也有地方政策文件。上级指导性文件是需要贯彻的上级精神，其他地方的政策文件则有很多措施是值得参考的。这些都是对工作怎么干的重要参考。

先把上级的文件上传到AI，包括《新一代人工智能发展规划》《新一代人工智能伦理规范》《生成式人工智能服务管理暂行办法》《关于加快场景创新以人工智能高水平应用促进经济高质量发展的指导意见》《科技部关于支持建设新一代人工智能示范应用场景的通知》等5个文件，这里使用Kimi智能助手进行分析。

【提炼上级工作要求】提示词：

> 你是省政府政策研究室主任，对人工智能产业领域有深入研究。请你对我上传的文档进行梳理、提炼，分析并列举上级对推进人工智能产业发展提出的具体工作要求，以有序列表形式输出。

AI 输出：

> 根据您上传的文档内容，我梳理、提炼了上级对推进人工智能产业发展提出的具体工作要求，以有序列表形式输出如下。
>
> 1. 场景创新推动：统筹推进人工智能场景创新，解决重大应用和产业化问题，全面提升发展质量和水平。
>
> 2. 企业主导原则：强化企业在场景创新全过程中的主体作用，政府发挥引导作用，推动企业成为创新的主导者。
>
> （略）

接着，把《北京市促进通用人工智能创新发展的若干措施》《深圳经济特区人工智能产业促进条例》上传到 AI，还是用 Kimi 智能助手进行分析。为避免干扰，注意这里需要重开一个对话窗口。

【分析地方措施】提示词：

> 你是省政府政策研究室主任，对人工智能产业领域有深入研究。请你对我上传的文档进行梳理、提炼，分析并列举地方政府对推进人工智能产业发展提出的具体工作措施，以有序列表形式输出。

AI 输出：

> 根据您上传的两个文档，我梳理、提炼了地方政府对推进人工智能产业发展提出的具体工作措施，以有序列表形式输出如下。
>
> 深圳市促进人工智能产业发展措施：
>
> 1. 建立协调工作机制：市政府建立人工智能产业发展协调机制，统筹发展和安全工作。
>
> （略）
>
> 北京市促进通用人工智能创新发展措施：

1. 提升算力资源供给能力：实施算力伙伴计划，加快算力基础设施建设，建设多云算力调度平台。

（略）

通过梳理这些措施，我们对推动人工智能产业发展有哪些需要做的具体工作就比较清楚了。当然，最重要的是对本地人工智能产业的发展特点要有清晰的认识。例如，H市是国家创新型城市，本地有国内知名的通用大模型企业，这些是推动人工智能产业发展的有利条件。我们可以结合这个，让AI提出一些创新性举措。这里用通义千问进行分析。

【创新举措】提示词：

你是人工智能产业发展专家，熟悉人工智能产业政策和发展前沿。H市是国家创新型城市，本地有国内知名的通用大模型企业。请在【上级工作要求】和【地方措施】的基础上，为我列举H市推进人工智能产业发展中，还能有什么创新性举措。

#上级工作要求

1. 场景创新推动：统筹推进人工智能场景创新，解决重大应用和产业化问题，全面提升发展质量和水平。

（略）

#地方措施

深圳市促进人工智能产业发展措施：

1. 建立协调工作机制：市政府建立人工智能产业发展协调机制，统筹发展和安全工作。

（略）

北京市促进通用人工智能创新发展措施：

1. 提升算力资源供给能力：实施算力伙伴计划，加快算力基础设施建设，建设多云算力调度平台。

（略）

AI 输出：

> 基于上级工作要求和深圳市、北京市的地方措施，H 市可以采取以下一些创新性的举措来进一步推进人工智能产业的发展。
>
> 1. AI+ 智慧城市
>
> - 智能交通管理：利用 AI 技术优化交通信号控制，减少拥堵；通过智能监控提高交通安全。
>
> - 智慧能源管理：通过 AI 预测能源需求，优化能源分配和使用效率。
>
> - 智慧环保：利用 AI 进行污染源追踪和空气质量预测，辅助环保决策。
>
> 2. 产学研用一体化平台
>
> （略）

接下来，对上述所有措施进行综合梳理、分析，提炼出推动人工智能发展的关键性措施，作为领导讲话的核心内容。这些措施不要太多，一般 4~5 个具有方向性的措施即可。

【梳理分析】提示词：

> 你是省政府政策研究室主任，对人工智能产业领域有深入研究。请你综合分析【上级工作要求】、【地方措施】和【H 市可采取的创新性措施】，对相关措施进行梳理、提炼，总结出促进人工智能产业发展的关键性措施 4~5 个，并排序。
>
> # 上级工作要求
>
> 1. 场景创新推动：统筹推进人工智能场景创新，解决重大应用和产业化问题，全面提升发展质量和水平。
>
> 2. 企业主导原则：强化企业在场景创新全过程中的主体作用，政府发挥引导作用，推动企业成为创新的主导者。
>
> （略）

地方措施

深圳市促进人工智能产业发展措施：

1. 建立协调工作机制：市政府建立人工智能产业发展协调机制，统筹发展和安全工作。

（略）

北京市促进通用人工智能创新发展措施：

1. 提升算力资源供给能力：实施算力伙伴计划，加快算力基础设施建设，建设多云算力调度平台。

（略）

H 市可采取的创新性措施

1. AI+智慧城市

- 智能交通管理：利用 AI 技术优化交通信号控制，减少拥堵；通过智能监控提高交通安全。

- 智慧能源管理：通过 AI 预测能源需求，优化能源分配和使用效率。

- 智慧环保：利用 AI 进行污染源追踪和空气质量预测，辅助环保决策。

（略）

AI 输出：

基于上级工作要求、地方措施，以及 H 市可以采取的创新性措施，我们可以提炼并总结出以下几项关键性措施来促进人工智能产业的发展，并按照重要性和紧迫性进行排序。

1. 算力与数据基础设施建设

- 依据：上级工作要求中的算力设施开放（第 17 点）和数据资源集聚（第 18 点），以及北京市的具体措施中的算力资源供给能力提升（第 1 点）和数据要素供给能力提升（第 2 点）。

- 措施：加快算力基础设施建设，建立多云算力调度平台；归集高质量基础训练数据集，建设数据训练基地；推动数据开放服务，建立数据开放平台。

2. 场景创新与应用示范

（略）

3. 人才培养与伦理安全

（略）

4. 市场资源供给与国际合作

（略）

5. 产业政策与标准体系建设

（略）

当然，AI分析的措施，还需要你结合工作实际进行分析，并进行一定的调整，以适合本地特点、要求。经过这样几轮分析，我们对促进人工智能产业发展的相关对策措施考虑就比较全面了。有了对上级精神的充分把握，对工作的理解认识，接下来就可以进入讲话的具体构思分析了。

二、用 AI 辅助思路分析：开拓创新有高度

思路决定出路。领导讲话中最重要的是提出创新发展思路，明确相关具体目标。

我们假设了，市领导提出过的指示是：把 H 市打造成全国人工智能产业发展高地。

这是在人工智能产业蓬勃发展的新形势下，H 市召开的一次重要会议，市领导提出的这个指示可以作为讲话的核心目标。

但这句话是一个大目标，要达成这个目标有什么要求，通过什么具体方式达成这个目标，全市上下要以什么样的状态迎接挑战。这些都是讲话中需要深度分析的，是要明确提出的工作思路。

【工作思路】提示词：

你是省政府政策研究室主任，对人工智能产业领域有深入研

究。请你围绕"把 H 市打造成全国人工智能产业发展高地"的目标，结合【关键性措施】，提出实现目标的发展思路，要求用 5 个四字词组进行概括。

关键性措施

1. 算力与数据基础设施建设

- 措施：加快算力基础设施建设，建立多云算力调度平台；归集高质量基础训练数据集，建设数据训练基地；推动数据开放服务，建立数据开放平台。

（略）

AI 输出：

针对"把 H 市打造成全国人工智能产业发展高地"的目标，结合上述关键性措施，可以概括为以下 5 个四字词组。

1. 强基固本 - 指加强算力与数据基础设施的建设，奠定坚实的技术和数据基础。

2. 场景引领 - 通过推动人工智能在多个重要领域的场景应用来引领技术创新和发展方向。

3. 育才立德 - 强调人才培养的重要性，并确保 AI 技术发展遵循伦理道德规范。

4. 聚资汇智 - 汇聚国内外资金和技术资源，加强国际合作与交流。

5. 规制先行 - 制定相关政策与标准体系，为产业发展提供良好的制度环境。

【发展目标】提示词：

请围绕"把 H 市打造成全国人工智能产业发展高地"，提出具体的发展目标，要求：①体现产业发展效益；②用 3 个四字词组概括。

AI 输出：

> 围绕"把 H 市打造成全国人工智能产业发展高地"的目标，可以从产业效益的角度出发，提出如下 3 个四字词组来概括具体的发展目标。
>
> 1. 产业集聚——指吸引和培育一批具有核心竞争力的人工智能企业，形成产业链上下游协同发展的格局。
>
> 2. 创新驱动——通过持续的技术研发和应用场景探索，保持 H 市在人工智能领域的领先地位。
>
> 3. 生态完善——构建一个包含技术研发、人才培养、资本支持等在内的完整产业生态系统，支撑产业长期健康发展。

对于"全国人工智能发展高地"这样的总体成果性目标，还可以分解成具体的成果目标。

【成果性目标】提示词：

> 请你将"人工智能产业发展高地"分解成具体目标，要求：分解成 4 个高地。

AI 输出：

> "人工智能产业发展高地"这一概念可以被分解为 4 个具体的目标领域，每个领域都代表了一个不同的发展重点。下面是这 4 个高地的分解示例。
>
> 1. 技术创新高地
>
> （略）
>
> 2. 产业应用高地
>
> （略）
>
> 3. 人才集聚高地
>
> （略）

4. 生态环境高地

（略）

这些具体的高地建设可以全方位地推动人工智能产业的发展，并确保其持续稳定增长。

为避免上下文干扰，上述 3 个提示词要分别在不同的窗口使用。这里用的是通义千问。

基于上述分析，对这份讲话材料的总体思路可以进行如下概括：

按照"强基固本、场景引领、聚资汇智、育才立德、规制先行"的发展思路，着眼实现"产业集聚、创新驱动、生态完善"目标，努力建设全国人工智能产业发展的技术创新高地、产业应用高地、人才集聚高地、生态环境高地。

有了这样的总体思路和目标，就奠定了讲话的站位高度，讲话的核心内容将围绕其展开。

三、用 AI 辅助生成文稿：分步输出保质量

作为科技局的工作人员，可能之前没有给市领导写过讲话稿。你要尽量通过内部渠道，如市政府办公室的工作人员，搜集一些市领导的讲话材料，特别是关于本领域工作的讲话材料；分析市领导讲话的表达风格，是偏理论还是偏务实，喜不喜欢在文字推敲上下功夫，标题喜欢什么类型的写法、讲话金句多不多等。

你可以把领导讲话都上传到 AI，然后让 AI 分析领导讲话的风格、特点。这里就不演示如何分析了，提示词如下。

【分析讲话风格】提示词：

你是省政府办公厅主任，擅长撰写领导讲话等公文材料，请你为我分析上述文档中 A 领导讲话的风格、特点。

工作推进会领导讲话属于动员部署型讲话，写作公式如下：

动员部署讲话篇章 = 标题 + 帽段 + 现状分析部分 + 核心工作部分 + 工

作要求部分＋结尾段

标题＝在××会议上的讲话

帽段＝会议召开的宏观背景句＋当前面临的具体背景句＋工作要求句＋过渡句

现状分析部分＝一级标题＋小帽段＋取得成绩段1+取得成绩段2+……+存在问题段

小帽段＝总体成就概述句

取得成绩段＝二级标题（成绩概括）＋支撑句（做法）＋支撑句（成果，含事例＋数据）

存在问题段＝问题概述句＋解决决心句

核心工作部分＝一级标题＋小帽段＋对策措施段1+对策措施段2+对策措施段3……

小帽段＝上级要求句＋工作思路句＋工作目标句

对策措施段＝二级标题（措施概括）＋主题句＋支撑句（措施）

工作要求部分＝一级标题＋小帽段＋要求段1+要求段2+要求段3+……

小帽段＝形势分析句＋总体要求句

要求段＝二级标题＋支撑句（具体要求）

结尾段＝归纳点题句＋号召倡议句

在领导讲话写作任务中，需要写出细化提纲，包括标题和内容要点，领导确认后再开始具体撰写。为确保精准输出，我们逐个部分生成。这里用的还是通义千问。

首先是帽段。我们先上传1个文档——上级领导对人工智能领域的指示精神。

【领导讲话帽段】提示词：

> 你是市科技局办公室主任，擅长公文材料写作，熟悉人工智能产业发展政策。为贯彻落实中央和省委、省政府关于发展新一代人工智能的相关会议精神，加快推进H市人工智能产业发展，H市将召开全市人工智能产业发展推进会。请你结合上传的文档，

根据【帽段公式】，撰写市领导推进会讲话帽段。

\# 帽段公式

帽段 = 会议召开的宏观背景句 + 当前面临的具体背景句 + 工作要求句 + 过渡句

AI 输出：

在全球新一轮科技革命和产业变革的大背景下，人工智能作为引领未来的战略性技术和推动产业深刻变革的核心驱动力，已经成为国际竞争的新焦点。当前，H市正处在加快新旧动能转换、实现高质量发展的关键时期，人工智能不仅是提升城市核心竞争力的重要支撑，也是我们实现弯道超车、引领未来发展的重大机遇。我们要深入贯彻习近平总书记关于人工智能发展的重要指示精神，落实中央和省委、省政府的战略部署，把发展新一代人工智能作为推动我市经济社会高质量发展的重大战略举措，加快构建具有H市特色的人工智能产业体系。为此，我们必须抓住当前的有利时机，凝聚共识、明确方向、突出重点、强化措施，以时不我待的精神状态，全力推进我市人工智能产业快速发展。

AI输出的帽段内容完成度比较高，质量过关。接下来，生成现状分析部分提纲。

【现状分析部分提纲】提示词：

你是市科技局办公室主任，擅长公文材料写作，熟悉人工智能产业发展政策。为贯彻落实中央和省委、省政府关于发展新一代人工智能的相关会议精神，加快推进H市人工智能产业发展，H市将召开全市人工智能产业发展推进会。请你结合【H市人工智能产业发展现状】，根据【现状分析部分公式】，撰写市领导推进会讲话现状分析部分提纲。要求：①仅列出一级标题和二级标题，不需要填充具体内容；②二级标题采用结果导向式标题。

#H市人工智能产业发展现状

一直以来，H市人工智能产业位列全国"第一方阵"。截至目前，H市已聚集人工智能产业上下游产业链企业超2000家，核心企业实现产值超600亿元，获批国家人工智能创新产业集群，人工智能产业正在向"数智结合""超量融合"迈进。

（略）

#现状分析部分公式

现状分析部分＝一级标题＋小帽段＋取得成绩段1＋取得成绩段2＋……＋存在问题段

小帽段＝总体成就概述句

取得成绩段＝二级标题（成绩概括）＋支撑句（做法）＋支撑句（成果，含事例＋数据）

存在问题段＝问题概述句＋解决决心句

AI 输出：

H市人工智能产业发展现状分析

一、总体成就概述

（一）智能算力基础设施加速布局

1.大规模算力设施建设成效显著

2."超量融合"探索稳步推进

（二）科技创新引擎作用凸显

1.重大科技成果持续涌现

2.产业创新平台集聚效应增强

（三）人工智能生态体系日益完善

1.大模型驱动产业升级与融合

2.产业规模目标明确且前景广阔

二、存在的问题及解决决心

（一）面临的挑战与不足

1.核心技术创新能力待提升

2. 产业生态协同效应需加强

3. 专业人才培养与引进机制优化

4. 政策支持与市场环境同步完善

（略）

二级标题基本符合要求，但没有生成一级标题，写的是"一、总体成就概述"。这里需要提炼一个一级标题。目前来看，无论哪个AI工具，都很难根据二级标题提炼出一级标题。AI提炼往往是对二级标题的意思进行缩写，很难从更高的维度进行概括提炼。

因此，这里需要你自己动手进行提炼，这个AI很难代劳。这里我提炼了一个一级标题，与二级标题组合如下。

一、充分发挥技术创新驱动力，构建人工智能产业发展新格局

（一）智能算力基础设施加速布局

（二）科技创新引擎作用凸显

（三）人工智能生态体系日益完善

接下来，生成核心工作部分提纲。

【核心工作部分提纲】提示词：

> 你是市科技局办公室主任，擅长公文材料写作，熟悉人工智能产业发展政策。为贯彻落实中央和省委、省政府关于发展新一代人工智能的相关会议精神，加快推进H市人工智能产业发展，H市将召开全市人工智能产业发展推进会。请你结合【关键性措施】，根据【核心工作部分公式】，撰写市领导推进会讲话核心工作部分提纲。要求：①仅列出一级标题和二级标题，不需要填充具体内容；②二级标题采用行动导向式标题。
>
> #关键性措施
>
> 1. 算力与数据基础设施建设
>
> - 措施：加快算力基础设施建设，建立多云算力调度平台；归集高质量基础训练数据集，建设数据训练基地；推动数据开放服务，建立数据开放平台。

（略）

\# 核心工作部分公式

核心工作部分 = 一级标题 + 小帽段 + 对策措施段 1+ 对策措施段 2+ 对策措施段 3……

小帽段 = 上级要求句 + 工作思路句 + 工作目标句

对策措施段 = 二级标题（措施概括）+ 主题句 + 支撑句（措施）

AI 输出：

一、加强算力与数据基础设施建设

（一）加快构建高效算力网络

（二）打造高质量数据训练基地

（三）推进数据开放共享平台建设

二、推动场景创新与应用示范

（略）

AI 对于一、二级标题没有区分清楚，不过没有关系，直接复制就可以用了。但是，标题的句式"××与××"，不符合公文的表达形式，需要修改。

【修改标题】提示词：

去掉一级标题中的"与"字，保持句意不变。

AI 输出：

一、加强算力数据基础设施建设

（略）

二、推动场景创新应用示范

（略）

三、强化人才培养保障伦理安全

（略）

四、拓展市场资源供给深化国际合作

（略）

五、完善产业政策标准体系建设

（略）

这里也需要手动提炼一个一级标题，与二级标题组合如下。

二、抢抓人工智能产业机遇期，精准施策引领关键领域新突破

（一）加强算力数据基础设施建设

（二）推动场景创新应用示范

（三）强化人才培养保障伦理安全

（四）拓展市场资源供给深化国际合作

（五）完善产业政策标准体系建设

接下来是生成工作要求部分提纲。

【工作要求部分提纲】提示词：

你是市科技局办公室主任，擅长公文材料写作，熟悉人工智能产业发展政策。为贯彻落实中央和省委、省政府关于发展新一代人工智能的相关会议精神，加快推进H市人工智能产业发展，H市将召开全市人工智能产业发展推进会。请你围绕"组织领导、支持保障、沟通协调、监管服务"四个方面，根据【工作要求部分公式】，撰写市领导推进会讲话工作要求部分提纲。要求：①仅列出一级标题和二级标题，不需要填充具体内容；②二级标题采用行动导向式标题。

\# 工作要求部分公式

工作要求部分 = 一级标题 + 小帽段 + 要求段 1 + 要求段 2 + 要求段 3 + ……

小帽段 = 形势分析句 + 总体要求句

要求段 = 二级标题 + 支撑句（具体要求）

AI 输出：

一、加强组织领导

（一）构建高效指挥体系

> （二）明确责任分工落实
> （三）强化目标考核机制
> 二、完善支持保障
> （略）

手动提炼一级标题，与二级标题组合如下。

三、抓好统筹规划全力促发展，主动作为营造创新创业新生态

（一）加强组织领导

（二）完善支持保障

（三）促进沟通协调

（四）强化监管服务

到这里就可以汇总出这篇讲话稿的提纲了。

在 H 市人工智能产业发展推进会上的讲话

在全球新一轮科技革命和产业变革的大背景下，人工智能作为引领未来的战略性技术和推动产业深刻变革的核心驱动力，已经成为国际竞争的新焦点。当前，H 市正处在加快新旧动能转换、实现高质量发展的关键时期，人工智能不仅是提升城市核心竞争力的重要支撑，也是我们实现弯道超车、引领未来发展的重大机遇。我们要深入贯彻习近平总书记关于人工智能发展的重要指示精神，落实中央和省委、省政府的战略部署，把发展新一代人工智能作为推动我市经济社会高质量发展的重大战略举措，加快构建具有 H 市特色的人工智能产业体系。为此，我们必须抓住当前有利时机，凝聚共识、明确方向、突出重点、强化措施，以时不我待的精神状态，全力推进我市人工智能产业快速发展。

一、充分发挥技术创新驱动力，构建人工智能产业发展新格局

（一）智能算力基础设施加速布局

（二）科技创新引擎牵引作用凸显

（三）人工智能产业体系日益完善

二、抢抓人工智能产业机遇期，精准施策引领关键领域新突破

按照"强基固本、场景引领、聚资汇智、育才立德、规制先行"发展

思路，着眼实现"产业集聚、创新驱动、生态完善"目标，努力建设全国人工智能产业发展的技术创新高地、产业应用高地、人才集聚高地、生态环境高地。

（一）推进算力数据强基工程

（二）推动场景创新示范工程

（三）实施市场资源汇聚工程

（四）强化人才培养集智工程

（五）加强产业政策立规工程

三、抓好统筹规划全力促发展，主动作为营造创新创业新生态

（一）加强组织领导

（二）完善支持保障

（三）促进沟通协调

（四）强化监管服务

你可能发现了，这个提纲在生成过程中，AI主要是负责列出相关要点，要写出能拿给领导审阅的提纲，还是需要人凭借写作经验进行推敲和提炼。AI在这个部分，只能发挥辅助作用。在你拿提纲找领导确认后，接着就可以用AI辅助撰写逐个部分的内容了。

接下来，示范如何生成并修改第一部分"现状分析"的内容。

【现状分析部分】提示词：

你是市科技局办公室主任，擅长公文材料写作，熟悉人工智能产业发展政策。为贯彻落实中央和省委、省政府关于发展新一代人工智能的相关会议精神，加快推进H市人工智能产业发展，H市将召开全市人工智能产业发展推进会。请你结合【H市人工智能产业发展现状】，根据【现状分析部分公式】和【现状分析部分提纲】，撰写市领导推进会讲话的第一部分"现状分析"。要求：①内容充实，语言表达符合领导讲话风格；②严格按照现状分析部分提纲填充内容；③字数为1200字。

#H市人工智能产业发展现状

一直以来，H市人工智能产业位列全国"第一方阵"。目前，H市已聚集人工智能产业上下游产业链企业超2000家，核心企业实现产值超600亿元，获批国家人工智能创新产业集群，人工智能产业正在向"数智结合""超量融合"迈进。

（略）

现状分析部分公式

现状分析部分＝一级标题＋小帽段＋取得成绩段1+取得成绩段2+……＋存在问题段

小帽段＝总体成就概述句

取得成绩段＝二级标题（成绩概括）＋支撑句（做法）＋支撑句（成果，含事例＋数据）

存在问题段＝问题概述句＋解决决心句

现状分析部分提纲

一、充分发挥技术创新驱动力，构建人工智能产业发展新格局

（一）智能算力基础设施加速布局

（二）科技创新引擎牵引作用凸显

（三）人工智能产业体系日益完善

面临的挑战与不足：

- 核心技术创新能力待提升

- 产业生态协同效应需加强

- 专业人才培养与引进机制优化

- 政策支持与市场环境同步完善

AI 输出：

一、充分发挥技术创新驱动力，构建人工智能产业发展新格局

近年来，H市始终紧跟国家战略步伐，积极贯彻中央和省委、省政府关于发展新一代人工智能的重要部署，通过一系列务实举

措，使我市人工智能产业取得了显著成效，位列全国前列。

（一）智能算力基础设施加速布局

为抢占人工智能技术制高点，我们加快了智能算力基础设施的布局。一方面，大力推进H市通用人工智能算力数据中心项目的建设，这一项目旨在打造国内领先的算力基础设施，为我市乃至周边地区的人工智能企业提供强大的算力支撑。另一方面，启动了H市城市云算力中心项目，旨在构建一个开放共享的城市级云计算平台，有效促进数据资源的高效利用和流通。这些项目的实施，不仅增强了我市在人工智能领域的核心竞争力，更为我市数字经济的发展奠定了坚实的基础。

（略）

AI输出的内容基本符合要求，但还是有不少表述需要调整。需要我们凭借写作经验进行手动精修的，这里我就不演示了。

另外，两个部分和结尾段提示词如下。（你可以自己尝试生成并修改内容）

【核心工作部分】提示词：

你是市科技局办公室主任，擅长公文材料写作，熟悉人工智能产业发展政策。为贯彻落实中央和省委、省政府关于发展新一代人工智能的相关会议精神，加快推进H市人工智能产业发展，H市将召开全市人工智能产业发展推进会。请你结合【关键性措施】，根据【核心工作部分公式】和【核心工作部分提纲】，撰写市领导推进会讲话第二部分"核心工作"。要求：①内容充实，语言表达符合领导讲话风格；②严格按照核心工作部分提纲填充内容；③字数为1500字。

#关键性措施

1. 算力与数据基础设施建设

- 措施：加快算力基础设施建设，建立多云算力调度平台；归集高质量基础训练数据集，建设数据训练基地；推动数据开放服务，建立数据开放平台。

（略）

#核心工作部分公式

核心工作部分＝一级标题＋小帽段＋对策措施段1＋对策措施段2＋对策措施段3……

小帽段＝上级要求句＋工作思路句＋工作目标句

对策措施段＝二级标题（措施概括）＋主题句＋支撑句（措施）

#核心工作部分提纲

二、抢抓人工智能产业机遇期，精准施策引领关键领域新突破

按照"强基固本、场景引领、聚资汇智、育才立德、规制先行"发展思路，着眼实现"产业集聚、创新驱动、生态完善"目标，努力建设全国人工智能产业发展的技术创新高地、产业应用高地、人才集聚高地、生态环境高地。

（一）推进算力数据强基工程

（二）推动场景创新示范工程

（三）实施市场资源汇聚工程

（四）强化人才培养集智工程

（五）加强产业政策立规工程

【工作要求部分】提示词：

你是市科技局办公室主任，擅长公文材料写作，熟悉人工智能产业发展政策。为贯彻落实中央和省委、省政府关于发展新一代人工智能的相关会议精神，加快推进H市人工智能产业发展，H市将召开全市人工智能产业发展推进会。请你围绕【工作要求部分提纲】，根据【工作要求部分公式】，撰写市领导推进会讲话第三部分"工作要求"。要求：①内容充实，语言表达符合领导讲话风格；

②严格按照工作要求部分提纲填充内容；③字数为 1500 字。

　　# 工作要求部分提纲

　　三、抓好统筹规划全力促发展，主动作为营造创新创业新生态

　　（一）加强组织领导

　　（二）完善支持保障

　　（三）促进沟通协调

　　（四）强化监管服务

　　# 工作要求部分公式

　　工作要求部分 = 一级标题 + 小帽段 + 要求段 1+ 要求段 2+ 要求段 3+……

　　小帽段 = 形势分析句 + 总体要求句

　　要求段 = 二级标题 + 支撑句（具体要求）

【结尾段】提示词：

　　你是市科技局办公室主任，擅长公文材料写作，熟悉人工智能产业发展政策。为贯彻落实中央和省委、省政府关于发展新一代人工智能的相关会议精神，加快推进 H 市人工智能产业发展，H 市将召开全市人工智能产业发展推进会。请你根据【结尾段公式】，撰写市领导推进会讲话结尾，字数为 200 字。

　　# 结尾段公式

　　结尾段 = 归纳点题句 + 号召倡议句

　　领导讲话需要考虑的因素比较多、难度较大，本节我大致梳理了撰写领导讲话稿中能够用 AI 辅助的环节。但是，仅仅靠 AI 还远远不够，因为对领导思考的内容、讲话风格的把握，以及领导讲话对文字表达的高标准，必须靠人工把握才行。

　　学完高阶文种四讲的内容，你应该能体会到，对于较为复杂的公文，AI 的作用不是替你写出文稿，而是帮你减少如搜集信息、改写、缩写、扩写等

重复性劳动，帮助你发散思维、做你的智囊团。你作为真正的主角，要在脑海里有"好公文的样子"，并指挥 AI 和你一起朝着正确的方向努力，并且在关键环节能亲自动手写和改。这样才能写出符合领导要求、满足工作需求、体现个人水平的好公文。

参考文献

［1］陈颢鹏，李子菡.ChatGPT 进阶：提示工程入门［M］.北京：北京大学出版社，
　　2023.
［2］Shom，Wenyuan，Boyan.驾驭 ChatGPT：学会使用提示词［M］.北京：电子工业出
　　版社，2023.
［3］仇华.深度对话 GPT-4：提示工程实战［M］.北京：人民邮电出版社，2024.
［4］安晓辉.ChatGPT 写作超简单［M］.北京：人民邮电出版社，2023.
［5］刘典.AIGC 高效写作：如何发挥 ChatGPT 的无限创作力［M］.北京：人民邮电出版
　　社，2024.
［6］安若鹏.我的科研助理：ChatGPT 全方位实用指南［M］.王学彬，高顾家，译.上海：
　　上海交通大学出版社，2024.
［7］万欣，角志浩，徐栋.AI 提示工程：基础·应用·实例［M］.北京：电子工业出版
　　社，2024.

后记：未来已来，此为序章

在过去的几年里，人工智能技术以前所未有的速度蓬勃发展，它不仅改变了我们的生活方式，而且重塑了我们工作的面貌。在这个充满挑战与机遇的时代，我有幸融入变革，成为研究 AI、运用 AI 的实践者。这一切都要归功于得到 App 联合创始人快刀青衣老师的邀请和支持，让我有机会在得到 App 开设了"如何用 AI 辅助高效写公文"的课程，而这门课程的内容正是本书的雏形。同时，我也要感谢课程的主编陈璐老师，在整个课程研发、制作过程中给予了我许多宝贵的建议和指导，她的专业见解让这门课程变得更加完善和实用。从课程到书籍的转变，也离不开出版社编辑老师的指导和帮助。本书在创作过程中，我还参考了 AIGC（人工智能创作内容的生产方式）领域的最新研究成果，在此一并对相关作者表示感谢。

对于大多数读者而言，其实并不需要深入了解 AI 背后的复杂原理和技术细节，只要掌握如何利用 AI 来提升公文写作的效率和质量就可以了。因此，本书就像是一本实用的操作指南，通过一系列具体的案例和步骤，教会读者如何在不同的公文写作场景下与 AI 高效协作，写出好公文。无论是初学者还是有一定经验的写作者，都能从中找到适合自己的方法和技巧。为了确保书中的每一个操作步骤都是切实可行的，所有提示词都是经过我反复测试和调整的，确保读者能够直接套用并快速实现用 AI 辅助写作的目标。

随着 AI 技术的不断进步，我们正处在一个全新的时代。那些能够迅速适应并与 AI 协作的人，将更有可能在职场上取得成功。扎实的写作基础结合高效的 AI 运用能力，将成为你职业发展道路上的一大优势。我希望本书能够帮助更多人学会借助 AI 的力量提升写作效率，进而用实力赢得尊重，靠能力获得晋升。

虽然本书的写作已经告一段落，但探索 AI 技术的学习之旅才刚刚开始。因为研究 AI、讲授 AI 公文写作课程的机缘，近期我也开启了新的事业篇章，加入了一家 AI 公文领域的创业公司——方寸智能，进一步深耕 AI 与公文写作的交叉领域。我真诚地希望每一位读者都能够勇敢地拥抱这个"AI+"的时代，让科技的力量为生活和事业带来更多的可能。

如果觉得本书对你有启发、有帮助，欢迎到公众号"梅博士讲公文"给我留言，与我交流，并把本书推荐给身边的朋友，让更多人受益于 AI 技术的发展。

让我们一起迎接万物生长的"AI+"时代，一起用 AI 为人生发展提速。

梅　俊